管好四笔钱 财富滚雪球

且慢基金投资研究所 / 著

中信出版集团 | 北京

图书在版编目（CIP）数据

管好四笔钱　财富滚雪球 / 且慢基金投资研究所著. -- 北京：中信出版社，2024.1
ISBN 978-7-5217-5524-4

Ⅰ.①管… Ⅱ.①且… Ⅲ.①投资－通俗读物 Ⅳ.① F830.59-49

中国国家版本馆 CIP 数据核字 (2023) 第 048601 号

管好四笔钱　财富滚雪球

著者：且慢基金投资研究所

出版发行：中信出版集团股份有限公司
（北京市朝阳区东三环北路 27 号嘉铭中心　邮编　100020）

承印者：　北京通州皇家印刷厂

开本：787mm×1092mm　1/16　　印张：17.75　　字数：160 千字
版次：2024 年 1 月第 1 版　　　　印次：2024 年 1 月第 1 次印刷
书号：ISBN 978-7-5217-5524-4
定价：79.00 元

版权所有·侵权必究
如有印刷、装订问题，本公司负责调换。
服务热线：400-600-8099
投稿邮箱：author@citicpub.com

自序

1720年12月的一天,伟大的科学家牛顿在日记中写下了一句广为流传的经典名言:"我能计算出天体运行的轨迹,却难以预料到人性的疯狂!"据闻这是牛顿在炒股损失了十年工资之后发出的感慨,他所感慨的既有世人的疯狂,也有他自己在投资过程中的不理性和贪婪。

投资从来都不是一件容易的事情,不但要战胜对手,还要战胜自己。

300年过去,现在我们面临的情况比牛顿当年所面临的更加复杂,尤其是在《关于规范金融机构资产管理业务的指导意见》打破了保本保收益的"惯例"之后,人们惊讶地发现,连原来一直收益稳定的银行理财产品都出现了波动和亏损的情况。许多人这才意识到,我们不得不与波动为伍才有可能通过投资获得收益。

通过正确的方式来投资赚钱也从来不是一件容易的事情,很多人理解的投资可能尚停留在听人推荐某个产品就跟随买入的阶段,殊不知要科学合理地开始投资,需要清晰了解我们的资金规划、理财目标、产品风险。很多人在开启投资之后面对资产价格的下跌会手足无措,很大原因就在于投资之前没有做好这些重要工作。越是想要赚快钱,就越是赚不到。

过去八年，帮助投资者进行正确的投资，一直是我们研究的重要方向。在此期间，我们的服务帮助数十万家庭做好了投资，我们也通过各种渠道发表和分享了众多投资的方法和理念，但从未把这些投资中最重要的事情给大家做系统完整的梳理和分享。

我们认为更加系统的梳理是有价值的，因此我们团队（石逸斌、邱锐、陈龙、赖建晶、张月、王悦、梁永辉）用一年多时间编写了本书，定位是给想要认真投资的朋友的入门读物，目标是帮助大家了解投资并建立正确的投资理念和框架。

读一本书有时与开启一段投资也有相似之处。开启一段投资之前，除了了解可能的收益，还要理解需要付出的成本与可能面对的风险。读一本书同样也是如此，首先需要了解这本书能否带来符合你预期的价值，否则就会在读完之后大失所望，也浪费了自己的时间。

所以关于本书想要给大家带来的价值，我觉得有必要在一开始就清晰表达出来。

本书的内容，没有赚快钱的方法，有的只是科学合理的配置方式和慢慢变富的思想；本书的内容，没有提供包赚不赔的灵丹妙药，有的只是如何与波动共处并长期获得收益的投资策略；学习本书的内容也没有办法帮你成为投资大师，但相信可以帮你得到更好的投资结果。此外，本书还将介绍一些经典投资理念和成功投资者的思考方式，帮助读者更好地理解投资。

以上，如果也符合你的预期和想法，那么欢迎你跟我们一起，开启一段关于投资的成长之旅。

林杰才

盈米基金副总裁、且慢负责人

目录

第一篇　建立投资认知

第一章　投资的重要性 / 3
财富与金钱观 / 3
财富增长法则 / 12

第二章　如何学投资 / 16
打好基础：建立投资的"元认知" / 16
下场实操：实践是最好的学习 / 22
不断进化：投资也要认知升级 / 31

第二篇　管好四笔钱

第三章　什么是资产配置 / 41
明确投资目标 / 41
找到属于你的家庭理财方案 / 45
用四笔钱进行资产配置 / 53
资产配置决定收益和风险 / 56

第四章　活钱管理 / 61

为什么要有活钱 / 61

怎么规划日常开支的钱 / 62

为什么要配置应急资金 / 64

活钱管理的品种选择 / 65

怎么选货币基金 / 68

第五章　稳健理财 / 72

稳健理财的适合场景 / 72

稳健理财的品种选择 / 78

第六章　长期投资 / 95

长期投资的投资预期 / 95

寻找长期投资收益率高的资产 / 102

长期投资的品种选择 / 116

长期投资的投资方法 / 136

认识投资风险 / 151

如何应对风险 / 160

第七章　保险保障 / 170

投资者为什么要配置保险 / 170

正确认识保险 / 172

买保险的六大原则 / 178

常见的五大保单 / 183

如何为不同家庭成员配置保险 / 191

配置保险后，还需要注意什么 / 198

第三篇　坚守投资理念

第八章　如何选择适合自己的投资理念 / 205
趋势投资：顺势而为，找准方向 / 205
量化投资：让规则决定投资收益 / 219
价值投资：是金子总会发光 / 224

第九章　普通投资者如何做好价值投资 / 233
普通投资者也能做好价值投资吗 / 233
适合普通投资者的好资产 / 238
如何买到好价格 / 241
做时间的朋友 / 244

第四篇　做好投资实践

第十章　如何做好投资实践 / 251
普通投资者的三大锦囊 / 251
避开投资常见的思维误区 / 255

第十一章　四笔钱资产配置案例 / 262
探索阶段 / 263
黄金阶段 / 265
白银阶段 / 267
守成阶段 / 269

参考文献 / 273

第一篇
建立投资认知

第一章　投资的重要性

财富与金钱观

获得金钱的方式

人们获得财富主要有两种方式。一种是"主动收入",比如上班工作获得的劳务报酬,用体力或者智力去换钱;另一种是"被动收入",什么都不用干也能自动赚得的收入,比如把钱存成1年期银行存款,一年后你获得的利息,就是被动收入。

大部分人前半生的收入来源还是主动收入,这些资金在满足我们日常生活和消费后,剩余出来的就可以让它去获取被动收入,也就是进行投资。

投资是为了让钱可以保值增值,就如同鸡生蛋一样,我们的本金就是母鸡,而收益就是孵出来的小鸡。如何让我们获取更多的小鸡呢?

第一是要有足够多的母鸡,这样才能产生"规模效应"。在投资中要让本金尽可能地多,这可以通过努力工作升职加薪实现,也可以通过副业兼职来获取。本金越多,增值速度越快。所以我们经常会建议初入职场的小白,把更多的精力投入工作当中,一个人工作的前十年是提升最快的黄金期,不要把时间浪费在其他地方。

第二是要有完整和科学的孵化技术,提高小鸡孵化成功率。在投资中要有正确的投资认知和对应知识,这样才能提升你的投资成功率。

工欲善其事,必先利其器。本书的核心在于提升你的投资认知,帮助你树立正确的投资观,并手把手带你学习如何进行资产配置和投后管理。

虽然投资获得的收益统称为投资收益,但是来源完全不同,主要分为两大类,一类是股权类收益,一类是债权类收益。

我们先说债权类收益,比如我们购买银行理财产品,到期之后的收益,就是债权类收益。这在本质上是一种借贷关系,我们是债权的持有人,按照约定收取利息。常见的债权类产品有银行存款、国债、债券基金等。

这类产品的最大风险是违约风险,而不是产品价格波动风险。例如,某航空公司破产,其发行的一只债券暴跌至29元,而这只债券发行面值是100元,票面利率是5.99%。很明显,为了5.99%的收益,投资者承受了超70%的亏损。

再来说股权类收益,主要指所投企业资产增值以及公司每年的分红收益。以上市公司中非常知名的贵州茅台为例,2002年12月31日—2021年9月30日的20年,企业每股净资产从10.37增长到138.79,增幅达1 238%(见图1-1)。

分红金额更是惊人,贵州茅台自2001年上市以来至2021年9月30日,累计分红1 213.5亿元。而贵州茅台在2001年上市时市值还不足百亿元,相当于这20多年时间的分红超过了初始市值的

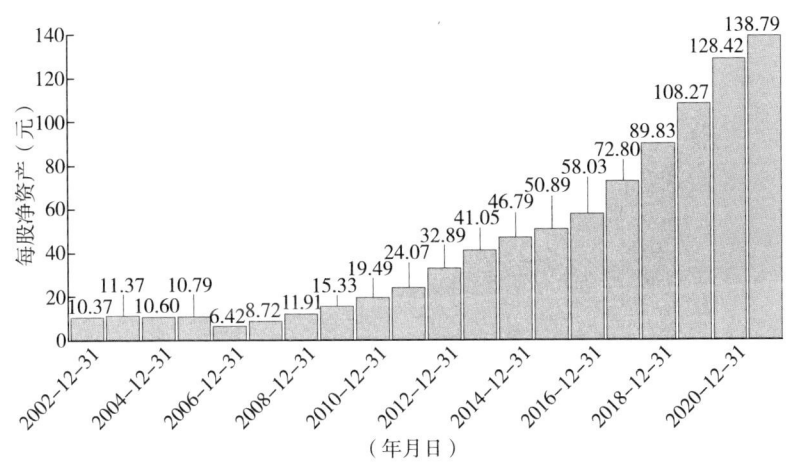

图1-1 贵州茅台的每股净资产

10多倍。

这就是企业成长给我们带来的丰厚回报。

金钱的价值

金钱的本质是一种购买力。在原始社会，人们以物易物；进入农耕社会，人们为了交易方便发明了钱币；而后逐渐演变成纸币，甚至我们现在经常用的电子货币。

在理解了这层关系之后，就可以明白，我们投资是为了用现在的购买力去换取未来更高的购买力。我们买入一家公司的股票，就相当于成为一家公司的股东。随着这家公司经营得越来越好，我们的股票也会越来越值钱，当把股票变现后，我们的购买力就会比之前有很大的提升。正如沃伦·巴菲特所说："投资是为了在未来更有能力消费而放弃今天的消费。"

当然，投资并非稳赚不赔，债券存在违约风险，股票也会因为公司经营不善而价格下降，这时候我们的购买力就会缩水。

所以，我们要做的就是提高自己在投资这件事上的正确认知，争取在赔率不变的情况下，提高胜率。

那怎么才算购买力提升呢？这里就涉及一个概念：通货膨胀。通货膨胀就是指物价上涨，让钱不断贬值。"钱变毛了"说的就是通货膨胀。

如果我们想要达到提升购买力的目的，那么投资收益就要跑赢通货膨胀。我们可以简单地用CPI（消费者物价指数）来衡量通货膨胀率。CPI代表的是与居民生活息息相关的商品的价格，比如食品、服装、生活用品、医疗保健等。

图1-2是全球大类资产年均回报率，在此期间，美国的CPI

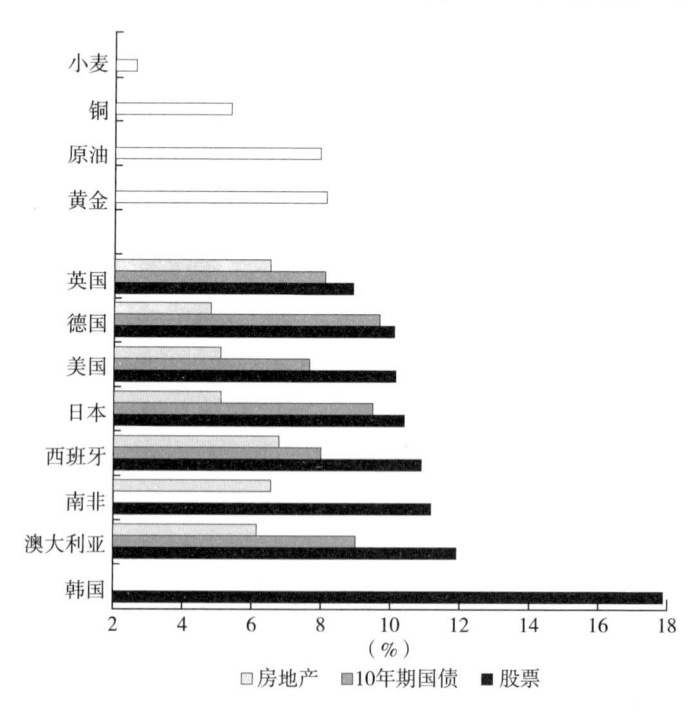

图1-2 1964—2013年全球大类资产年均回报率
资料来源：国际清算银行、彭博、国际货币基金组织、世界银行、兴业证券研究所。

年均增长在4.18%左右。对比全球大类资产年均回报率,所有资产几乎都能跑赢通货膨胀,大宗商品跑赢得最少,而真正能长期大幅跑赢通货膨胀的只有股票(也包括投资于股票的各类基金)。

对抗通货膨胀的本质就是对抗货币现象,随着全球经济不断向前发展,每年的货币总量也会随着经济活动增加。我们应该投资那些在社会经济活动中更有议价权的企业,这些企业提价能力强,可以跑赢物价平均上涨的速度。我们作为这些企业的股东,就可以分享这部分超额收益。

我们来看看过去10年各个板块的涨幅情况(见表1-1)。

表1-1 申万一级行业指数涨幅最高排名

序号	证券简称	区间涨跌幅(%)
1	食品饮料	423.541 4
2	社会服务	375.750 1
3	电子	352.568 5
4	家用电器	345.381 2
5	电力设备	300.850 2
6	计算机	244.293 5
7	医药生物	240.218 6
8	基础化工	195.971 1
9	汽车	178.364 4
10	美容护理	174.227 6
11	国防军工	160.065 7
12	建筑材料	150.182 4
13	农林牧渔	118.815 1
14	非银金融	113.091 8
15	轻工制造	111.649 5
16	机械设备	94.766 3
17	有色金属	91.763 2
18	综合	82.882 9
19	银行	74.488 4
20	公用事业	67.995 4

资料来源:万得资讯,统计时间为2012年1月1日—2021年12月31日。

食品饮料板块这10年间涨幅达423%，居各个行业之首，说明必选消费这个板块对于商品涨价的容忍度高。我们日常生活中买的饮料，价格从3元涨到3.6元，我们其实没什么感觉，但是如果要买一辆车，从20万元涨到24万元，我们就会觉得涨价太多了。但是这两种商品的涨价幅度都是20%。

在涨幅前十的行业中，食品饮料、家用电器、医药生物这些板块都是与我们日常生活息息相关的，对消费者议价能力强，自然跑赢通货膨胀的幅度也比较大。

而电子、计算机、汽车等行业受益于中国近10年的经济大发展，商品需求量大增，在供不应求的大背景下，相关产品的价格也随之上涨，从而大幅跑赢通货膨胀。

我们再看看近10年涨幅最低的行业排名（见表1-2），煤炭行业是唯一近10年还在亏损的行业，主要是因为2008年国际金融危机后，我国四万亿计划刺激基建，带来了大宗商品的大繁荣，煤炭在那一时期充分受益。而后煤炭作为非清洁能源逐渐萎缩，导致10年来还亏损。

商贸零售、纺织服饰这些行业受互联网冲击巨大，之前互联网不发达的时候，跨地域的小商贩模式的经营利润颇丰，互联网电商和跨境电商的兴起，让消费者可以货比三家，极大地压缩了零售行业的利润，自然行业景气度比较低。

所以投资的选择要自上而下，选择那些长期景气度比较高的行业，才能获得更高的超额收益。

● 投资不是一夜暴富

前面说了很多投资的必要性和能带来的收益，那么大家是不

表1-2 申万一级行业指数涨幅最低排名

序号	证券简称	区间涨跌幅（%）
1	煤炭	-21.807 8
2	商贸零售	0.556 4
3	纺织服饰	8.963 7
4	石油石化	32.305 1
5	建筑装饰	50.594 3
6	钢铁	52.451 7
7	交通运输	52.879 5
8	通信	56.379 7
9	环保	56.605 2
10	房地产	58.220 0
11	传媒	66.296 2
12	公用事业	67.995 4
13	银行	74.488 4
14	综合	82.882 9

资料来源：万得资讯，统计时间为2012年1月1日—2021年12月31日。

是有点跃跃欲试了？还请冷静一下。请记住一句话：高收益必然会带来高风险，而高风险不一定会带来高收益。

通常我们会用10年期国债收益率衡量投资的风险。高于这个收益率的就是风险收益率，低于这个收益率的可以看作无风险收益率。

从图1-3中可以看到10年期国债收益率是在不断波动的，这与央行利率有较强的相关性，在利率降低的背景下，10年期国债的收益率也在不断下行。

这就意味着我们也要用动态的思维来考量投资的风险度。10年前目标年化收益率为8%可能并不高，但是10年后目标年化收益率为8%就已经不容易达到了。市场上很多理财投资相关的课程或者

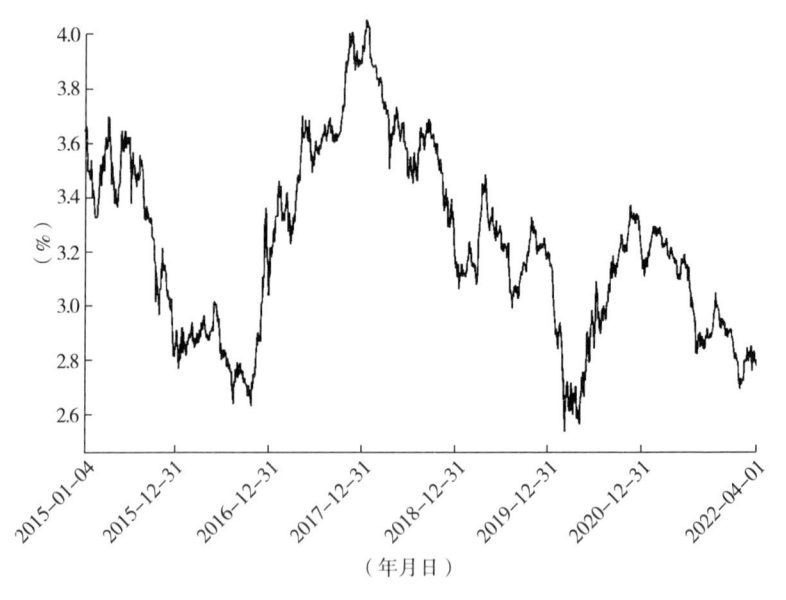

图 1-3　10 年期国债收益率曲线

资料来源：万得资讯。

图书都在以一个静态的数据来指导相关投资，这是有很大问题的。

投资最忌讳一夜暴富的心态，这将让很多人陷入风险的旋涡。过去几年 P2P（个人对个人）网贷非常流行，仿佛 6%～14% 收益率的产品到处都是，在足额兑付一段时间后，就开始大面积爆雷。究其原因就是 P2P 网贷给的收益率过高，只能是拆东墙补西墙，最后导致所有贷款都无法兑付。

高收益骗局屡见不鲜，错误的投资认知和一夜暴富追求高收益的心态，才是巨额亏损的根源。所以一定要对风险有充足的认知。

在市场中常见的现金类投资，目前年化收益率通常在 3% 以下，如货币基金、银行定期存款、银行活期存款、大额存单等。这些产品风险相对较低，本金亏损的可能性极低。

风险再高一级的是债权类投资，目前年化收益率通常为 4%～

8%，如债券基金、"固收+"等。这些产品会有本金损失的风险。

风险较高的是股票类投资，预期年化收益率可以到8%以上，如股票、股票基金等。这些产品会有本金较大幅度亏损的风险。

风险最高的是各类金融衍生品，如期权、期货等。这些产品往往都自带杠杆，稍不注意就会有爆仓的风险，一般不建议普通投资者投资。

理解风险之后，我们要做的就是学会慢慢变富。

赚多少钱才能财富自由

我们先来看胡润研究院发布的《2021年胡润财富自由门槛》中的一组数据，如表1-3所示。

表1-3　2021年胡润财富自由门槛

	财富自由门槛（万元）	常住房（平方米）	第二住房（平方米）	汽车（辆）	家庭税后年收入（万元）
入门级	三线城市：600 二线城市：1 200 一线城市：1 900	120	—	2	三线城市：20 二线城市：40 一线城市：60
中级	三线城市：1 500 二线城市：4 100 一线城市：6 500	250	200	2	三线城市：50 二线城市：100 一线城市：150
高级	三线城市：6 900 二线城市：12 000 一线城市：19 000	400	300	4	三线城市：250 二线城市：400 一线城市：650
国际级	35 000	600	400×3套	4	1000

该榜单主要考虑常住房、第二住房、汽车和家庭税后年收入。中国入门级财富自由门槛一线城市为1 900万元、二线城市为

1 200万元、三线城市为600万元；中级财富自由门槛一线城市为6 500万元、二线城市为4 100万元、三线城市为1 500万元；高级财富自由门槛一线城市为1.9亿元、二线城市为1.2亿元、三线城市为6 900万元；国际级财富自由门槛为3.5亿元。

虽然胡润给了我们一个衡量财富自由的绝对标准，但是以此为目标的话，很多人会陷入焦虑，最后在金钱的旋涡中迷失自我。

真正的财富自由应该从两个角度去思考，一个是金钱上的自由，另一个是精神上的自由。

金钱上的自由和每个人对于物质的欲望有关，有的人顿顿吃大鱼大肉依旧不满足，有的人天天吃白菜豆腐也感到很幸福。在基本的生活需求得到保障的前提下，有足够的资本可以自由地投入自己想做的事情，这就是基本的财富自由标准。你可以记录一下个人/家庭每年的生活开支，并在此基础上多预留30%的备用金，如果你的被动收入超过了每年开支的1.3倍，那么你基本可以实现金钱上的初级财富自由了。

更高层面是精神上的自由。诚然，很多人一辈子不投资，也很幸福快乐。虽然物质上并不富裕，但是精神上很富足，在自己擅长的领域发光发热，也是某种意义上的"财富自由"。

财富增长法则

很多人在投资时都追求财富的快速增长，但并非人人都能如愿以偿，毕竟这中间充斥各种弯路与"坑"，一不留神就能让你前功尽弃，甚至舍本而归。比如，一个新手在投资前，往往容易忽视的一点是，你可以获得高收益率，但未必能赚到钱。

大部分人进入资本市场，容易被高收益率吸引，认为收益率越高，越能赚到钱，但事实未必如此。想要长期获得稳健收益，离不开资产的复利增值，爱因斯坦曾经称复利为世界的"第八大奇迹"，其本质就在于，以本金加上先前周期所积累利息的总额来计算利息，即通常所说的"利滚利"。写成公式就是：

$$收益 = 本金 \times (1 + 收益率)^{时间}$$

其实，财富增长的秘密全部藏在这个复利公式中。

简单拆解公式就可以发现，我们赚到的总收益主要取决于3个要素：本金、收益率、时间。收益率只是3个要素之一，并不是全部，甚至不是最重要的。因为收益率是有上限的，越往上越难。

例如，买入银行理财可以获得3%~5%的收益率；投资宽基指数可以获得8%~10%的收益率；长期业绩超过15%的主动基金，可谓百里挑一；而若想使收益率达到20%，则更是难上加难。这就是收益率的"边际难度递增"规律，就像我们的考试成绩从60分提高到80分容易，从80分提高到100分却很难。普通投资者若想取得高收益率是一件极其困难的事，甚至还会由于忽略高收益背后的高风险而亏大钱。

事实上，长期财富增长的关键在于另外两个要素，即本金和时间。

把本金从10万元提到20万元，远比把收益率从10%提到20%容易得多。从初出茅庐到事业小成，人们收入的现金流多是在增加的，可支配的本金是越来越多的。所以，对于年轻人，首先考虑的应该是提升自己的人力价值，争取事业进步、升职加薪，增加自己收入的现金流，多多积累本金。同时接触和学习正确的投资知识。因为本金不多，偶尔踩"坑"、亏钱反倒不可怕。当人到中年，如果积累的本金已非常可观，获取财富的源泉从单一的"人力价值"切换到了"人力价值"和"资本价值"的双轮驱动，那么这个阶段的收益率即使不高，但因为本金足够多，赚的钱也会更多。例如，100 万元赚 10% 就有 10 万元，而 1 万元赚 100% 也才有 1 万元。更何况 10% 的收益率是可持续的，100% 的收益率则多凭运气。

至于时间，有时甚至比本金还重要，但更容易被忽略。事实上，很少有人能意识到时间的魔力。许多人今天刚买基金，巴不得明天就涨，多等一天也不愿意。正是这样的心态，让我们常常陷入"买了不赚钱"的矛盾中。

从过往数据看，沪深 300 指数近 20 年的年化收益率是 8.3%。假如按 10% 的复利计算，一位投资者投入 50 万元买入沪深 300 指数基金，20 年后的终值约 336 万元，如图 1–4 所示。

假设投资者 A 初期投入 25 万元，投资者 B 初期投入 50 万元，那么投资者 A 的终值要达到 336 万元，时间是投资者 B 的两倍（40 年）吗？其实不用，计算下来只需要不到 28 年。多了 8 年而已，相当于多花了 40% 的时间。虽然本金少了一半，但需要的时间无须增加一倍。这就是复利。即使你的本金少，若持有更长的时间，最终的收益也能追上。所谓"本金不够，时间来凑"，时间对每个人都是公平的，越早意识到时间对投资的复利作用，越早理财，越能积累出自己的财富。

总的来说，收益率翻一倍，难度远远大于本金翻一倍；本金

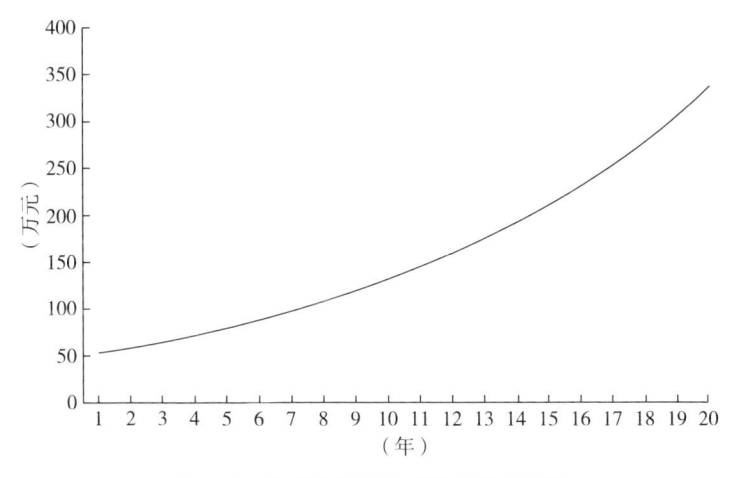

图1-4 投资沪深300指数的收益测算

翻一倍，难度也远远大于持有时间的增长。所以，财富增长的秘诀在于合理的收益率、可观的本金和长期持有。只要能做到三者有机结合，财富增长大概率不在话下。

第二章　如何学投资

打好基础：建立投资的"元认知"

相信很多人在踏出投资的第一步时都有一个"领路人"，这个人可能是牛市中带你入市的同事、朋友，可能是在互联网上小有名气的"金融专家"，也可能是告诉你有内幕消息的"行业中人"。要知道，很多内幕消息并非真的是"内幕"，而是有人故意让你知道的消息。

投资的正路一定不是听信小道消息。尽管随着互联网的快速发展，人们可以获得的投资消息越来越多，但这其中会掺杂很多的噪声，所以建立正确的投资"元认知"是非常重要的。

◉ "投资消息"真的管用吗

我们在投资时，常常会听到一些声音："听说××出了利好，马上要涨，赶紧买点！""听说××快不行了，肯定要跌，割肉跑吧！"

只要身处投资市场，这些所谓的"消息"一天也不会消散。它们不断围绕在耳边，时刻影响着我们的投资决策。这些听起来好像有用的消息，真的管用吗？

我们先看一个经典的案例。2020年1月初，全球新冠疫情，以及沙特与俄罗斯开启的石油价格战，导致当时国内规模最大的油气基金——华宝标普石油指数A（以下简称"华宝油气"），开启了"一路狂跌"模式。不到3个月的时间，最大跌幅超过61%。2020年3月9日，华宝油气的单日跌幅甚至高达22.20%，创下当时国内权益类非杠杆基金的单日最大跌幅纪录（见表2-1）。

表2-1 华宝标普石油指数A波动情况

日期	单位净值（元）	日增长率（%）
2020-03-04	0.276 2	0.40
2020-03-05	0.266 5	-3.51
2020-03-06	0.245 5	-7.88
2020-03-09	0.191 0	-22.20
2020-03-10	0.200 8	5.13
2020-03-11	0.186 4	-7.17
2020-03-12	0.175 0	-6.12

资料来源：盈米基金、且慢App。

就在大家以为华宝油气无论如何都不可能再跌的时候，2020年4月2日，网上又传来一则消息——华宝油气的第一权重股惠廷石油公司（Whiting Petroleum）宣布破产。这一消息让华宝油气的投资者瞬间炸了锅。之前很多人之所以扛得住下跌，是因为他们认为这种急速下跌不过是华宝油气所投资公司股价的一次剧烈波动而已，迟早还会涨起来的。但现在，铺天盖地的消息告诉他们，这些公司可能会破产，其股价甚至会归零。这样一来，这笔投资就可能会"血本无归"，再也没法涨起来了。

这彻底击穿了很多投资者的心理底线，大家开始质疑："华宝油气到底有没有底？""这只基金会不会就这样完了？"在这样的情况下，大批投资者选择抛出华宝油气的基金份额，割肉离场。

但谁能想到，就是从这天起，华宝油气开始反转。事实上，仅在消息传出的当天，华宝油气的基金净值就上涨了8.38%，而后几乎一路不回头。截至2022年4月2日，短短两年时间，它的累计涨幅竟高达250.41%。这让当时因为看到"利空"消息而选择卖掉基金份额的人后悔不已。

我们如果冷静思考一下华宝油气的买卖逻辑，可能操作就会截然相反。首先华宝油气的下跌原因是其持仓的一些美国油气公司的股价暴跌，而这些公司股价暴跌是因为沙特与俄罗斯的石油价格战把油价打到了"负值"。按照常识我们就能知道，石油价格是不可能长期维持负值的，因为石油有其使用价值和货币属性，石油公司的巨亏是暂时的，属于突发性"黑天鹅"事件，并不影响长期价值。从供需层面就更不用过度担心了，石油属于必选消费，航空、工业、汽车等行业都离不开石油，所以石油才被称为"工业的血脉"。

特殊的"黑天鹅"事件反而是难得的买入机会。投资就是这样，同样的事件，在一部分投资者眼中是危机，在另一部分投资者眼中是机会。

通过这个例子可以看到，很多时候我们以为"有用的消息"，实际却成了投资亏损的原因。当你听到一个利空消息时，股价可能已经反映了这种利空带来的基本面变化，此时再去卖出，往往就是倒在黎明前；同样，当你听到一个利好消息时，股价也可能已经涨上去了，这时你后知后觉再去追，往往就可能在高位接盘。

所以，我们在投资中一定要注意消息陷阱，有消息分辨能力才是防止亏损的第一步。

我们在投资时，一定要放弃"消息思维"，学会摒除噪声，多关注投资标的的自身情况，才能真正靠投资赚到钱。

⬤ 理解价格、价值和时间的关系

前文我们为大家破除了投资中的"消息思维"，相信很多人是理解的，但是我们应该建立什么样的"元认知"呢？

其中最重要的一点就是，价格与价值的关系。投资收益从来源来看，除了来源于投资目标的价值（比如企业盈利）不断增长，还有一个重要来源是以低于其价值的价格买入，高于其价值的价格卖出，在其均值回归的过程中盈利。

我们常说，一个投资品的价格是由其内在价值决定的。这话看似有理，其实只说对了一部分，因为它忽略了"时间"的维度。

从长期看，价值确实决定价格，但从短期看，两者关系并不是线性的，就像投资中常用到的一个经典比喻——老人与狗。投资品的价格像一只小狗，而其内在价值像老人手里牵着的狗绳。

从短期看，价格会像小狗一样跑前跑后，经常高于或低于其内在价值；但从长期看，小狗终究还是会和老人一起不断向前走。也就是如果一个投资品的内在价值不断提升，价格终究也会跟着上涨。

所以，均值回归早晚会有，但不一定是现在。很多人常说自己投资不赚钱，其实就是忽略了"时间"这个维度。

当我们买入一个低估值标的，但是它的价格没有如预期一样均值回归，而是继续下跌的时候，不要过于恐慌，只要它的价值没有出现大幅变化，那么下跌更多是买入的机会。

最典型的案例就是 2018—2019 年的 A 股市场。

当时代表 A 股大盘的上证指数从 3 587.03 点开始一路下跌，全年 12 个月里有 8 个月是下跌的。其间，很多人看到大盘的估值逐渐变得合理甚至低估时，就从 3 000 点附近开始分批买入。

没想到，就当大家以为"低估一定会涨"时，大盘却从 2018 年 6 月 15 日的 3 021.90 点，一路下杀到 2018 年 10 月 19 日的 2 449.20 点，4 个月跌幅近 19%。

因为下跌幅度较大且跌的时间过久，导致当时很多通过价值判断买入的投资者，都开始逐渐怀疑自己是否"真的买得太高了"。但恐慌情绪很快就像瘟疫一样迅速传遍了整个投资圈，只要还留在市场里的人，无不受其感染。最终，那些本来坚信"均值回归"的人，终于在市场最后一片恐慌声中"割肉"离场，他们已经全然忘记了 3 000 点其实长期来看绝算不上是一个市场"高点"。

在这之后，市场仅做了 3 个月停留，就从 2019 年年初开启了一波长达 3 年的小牛市行情，大盘也从当时的 2 449.20 点最高涨到 2021 年年初 3 731.69 点，涨幅高达 52.4%。当年那些因为熬不住而认为不会再有均值回归的人，终究还是错了。

所以，学习投资的关键是理解投资的本质，价值会回归但不一定立刻回归，只要我们有足够的耐心，总能收获想要的结果，这才是我们应该建立的投资"元认知"。总之，投资是一辈子的事情，多一些时间上的容忍度，可能一切都会变得不一样。

投资和投机的区别

作为一名投资者，我们常说，自己是在投资，而不是在投机。

可是，投资的含义究竟是什么呢？

根据广义的定义，投资是货币收入或其他任何能以货币计量其价值的财富拥有者牺牲当前消费、购买或购置资本品以期在未来实现价值增值的牟利性、经营性活动。简单来说，投资就是把当前要花的钱省下来，投到那些未来能赚钱的事儿上。

这样的解释有错吗？似乎没错，但显然这样的认知无法变现。那我们该如何理解投资呢？

这就要说到它的一个近义词——投机。

投资和投机，是资本市场上两种常见的交易行为，目的都是获得收益。很多时候，我们以为自己在投资，实际可能都是在投机。

那它们到底有什么区别呢？

有人说：投资和投机最大的区别，就像一个是普通话，一个是广东话。这当然是句玩笑话，但也从侧面说明，两者不容易区分。毕竟，投资和投机有着相同的目的——赚钱。

不同的是，投机赚的是市场先生情绪变化的钱，而投资赚的是经济发展和企业增长的钱。

投资大师本杰明·格雷厄姆在《聪明的投资者》一书中，对投资者和投机者做了如下区分：投资者和投机者之间最现实的区别，在于他们对待股市变化的态度。投机者的主要兴趣在于预测市场波动，并从中获利；投资者的主要兴趣在于按合适的价格购买并持有合适的证券。[1]

可以看出，真正的投资者，在每笔投资之前，都经过大量数

---

[1] 资料来源：本杰明·格雷厄姆. 聪明的投资者［M］. 王中华，黄一义，译. 北京：人民邮电出版社，2016。

据分析、调研比对，甚至是重新学习，才在确保本金安全的基础上，得出投资与否的结论。但投机者不同，他们更希望通过"猜涨跌"获利，而不是因为认同投资对象的内在价值。

反观我们自身，很多人虽自诩为投资者，但对投资总抱有一夜暴富的念头，总盼着买完就涨，甚至巴不得天天涨停板。这在本质上是一种投机者的心态。

很多时候，我们以为自己"很懂"，凭着自以为的"好消息"，自以为的"发展前景"，就猜测某标的会上涨多少，并给出自己的目标价格。这在本质上也是投机行为，都是在靠自己的想象力投机而已。

所以，想靠投资赚钱，首先就得建立对投资的"元认知"，起码要分清投资和投机的区别，这样才不至于在错误的道路上越走越远。

下场实操：实践是最好的学习

道理易知，路却难行

前面我们讨论了如何建立自己的投资认知。有人可能会疑惑，是不是拥有了足够的投资认知，就能在投资时游刃有余？答案是，还不行。因为"知道"和"做到"之间，往往还隔着巨大鸿沟。只有真正做到了，才能把认知变现。

事实上，很多有过投资亏损的人，并非不懂其中的道理，而是在实际投资中无法做到。举个例子，基金不是股票，长期来看，投资基金更好的方式是持有不动，相信这个道理很多人都懂。但是，在实际投资过程中又如何呢？

截至 2022 年年底，过去 19 年全市场偏股型基金的平均年化收益率是 13.29%，而同期上证指数的平均年化收益率仅有 3.94%，差距高达 9.35%。

试问自己，作为一名投资者，我们的基金收益率有 13.29% 吗？相信大部分人都会摇头。所以，懂得"基金长期持有"的道理并不难，难的是到底如何做到。投资是一件知易行难的事，这绝非一句空话。

那么，为什么会出现这样的现象？这可能和我们人类的本性息息相关。比如，你可以问自己一个问题：如果有一笔钱，会投资什么东西？是投资一直上涨的，还是投资一直下跌的？

相信大多数人都会选一直上涨的。就像很多人炒股，最喜欢买的股票，无非是那些天天涨停的。但实际上呢？上涨的过程是资产不断高估的过程，而下跌的过程是资产不断低估的过程。作为一名合格的投资者，如果你看中的标的一直下跌，你应该感到高兴才是，因为你可以用更少的钱买到更多份额，未来可能赚得更多。

可是，为什么我们总是不约而同选择一直上涨的？因为人性告诉我们：趋利避害。

试想一下，我们在非洲大草原上行走，突然，前面草丛中蹿出一只狮子，这时候我们该怎么办？肯定是掉头就跑吧？因为狮子太可怕了！这就是我们的本能反应。

下跌的股票和基金也是一样，它们这么跌，简直就像大草原上的狮子一样可怕，怎么能买？于是，在人性的驱使下，我们不断重复着"高买低卖""追涨杀跌"的动作，最终"成功"把钱亏了。

所以，投资是一件知易行难的事，明白道理只是基础，要想做好投资，还得我们在实操中不断地摸索与练习。

● 从入门到合格投资者的跨越

都说人生就像一场旅行，不必在乎目的地，在乎的是沿途的风景。但投资不同，它看重的是结果，是实实在在的资产增值。过程的风景（盈利）再好，如果最终回到出发点，那么意义也不大。

对我们投资新手来说，如何在实践中获得自己想要的结果呢？

很多人的选择往往限于这两种：一种是挑选更好的投资标的；另一种是抓住更好的买卖时机。

但实际上，无论选择哪种方式投资，多数人到最后依旧无法达成自己的目标。这是因为无论投资标的还是买卖时机都是最后的投资落地，在这之前还缺少一步，那就是资产配置。

分享一个真实的案例。[①] 一位投资者的家庭流动资产有 50 万元，打算用于 10 多年后养老。其中，45 万元购买了银行理财和货币基金，其余 5 万元购买了股票基金以及自己炒股。

他的问题是："这两年炒股基本没赚到钱，想把原来炒股的钱拿出来买基金，应该选择哪只基金才能赚更多？"

可以看出，他真正的诉求是想提高这笔养老金的整体收益。之后，笔者就为他算了一笔账：假设他选到了更好的基金，收益率大幅提升，比之前多了 20%。但由于他投资基金的本金只有 5 万

---

① 资料来源：且慢管家. 从不及格到 80 分的投资进阶 [EB/OL]. (2021-04-09).
https://mp.weixin.qq.com/s/H1hztAW0BkptPMQsfPTxSw。

元，所以实际收益只不过多了 1 万元。这 1 万元对 50 万元养老金的收益提升真有很大帮助吗？显然是没有，按比例来算，仅有 2%。

但为了提升这 2%，得花多大力气，才能选出比之前投资多 20% 收益率的基金？他要做的并不是把 5 万元资金的收益变好，而是要把 50 万元资产重新做规划，这才能解决他养老的根本问题。否则也只能是头痛医头，脚痛医脚。

那我们该如何进行资产配置呢？一般来说，可以遵循以下 3 个步骤：自我认知—市场认知—匹配认知。

自我认知

自我认知就是首先要了解自己的情况，至少需要考虑以下几个方面。

自己的财务状况

财务状况既包括当前的各类资产、负债情况，也包括可预见的未来大致的现金流情况。

只有站在家庭总资产的角度规划，才能让后面的资产配置发挥真实作用。如果只用一笔很少的钱参与，则对整体影响不大，同时也容易在上涨时"突然有一笔钱"，倒金字塔加仓导致风险加大。

自己的风险偏好

资产配置不能消除风险，只能让我们以一个舒服的方式迎接风险，而怎么才是舒服的，则跟每个人的风险承受能力和偏好有关。

风险承受能力是比较客观的，一个现金流充沛、年轻、保险充足、家底殷实的人，自然比手头资金紧张、负债累累的人更能承受损失和波动。一笔 20 年后养老的钱，也比每年要还房贷的钱更能承受波动。

风险偏好则是偏主观的，客观条件一样的人，也有胆大乐观的和胆小悲观的，前者会配置得更激进一些。

自己的投资目标

每个人的投资目标都是赚钱，但赚钱背后的现实目的却各不相同。

比如，同样一笔长期资金，有的人将其作为启动资金，希望通过多年投资实现财富自由，因此就有更高的收益预期；而有的人当下就很满足，只希望它能跑赢通货膨胀不缩水，因此收益预期并不高，够不够稳定变得更重要。

市场认知

市场认知，就是要了解投资市场中有哪些资产配置的种类，它们的本质是什么，具备什么样的长期风险及收益特征。

一般来说，我们常见的大类资产无非以下 5 类。

- 现金类，如银行存款、货币基金等。
- 债权类，如国债、企业债、债券基金等。
- 股权类，如股票、股票基金等。
- 房产类，如可用于交易的房产等。
- 商品类，如石油、黄金等。

其中，房产类资产因买卖门槛高，投资金额大，不适合普通人作为投资用途；而商品类资产因过于专业、复杂，不懂的人很容易踩坑，所以也不适合普通投资者大量配置。因此，对于大部分人而言，资产配置的主要品种就是现金类、债权类和股权类资产。

从各主要国家资本市场的历史来看，股市整体长期合理回报率为8%~12%，优秀投资人长期回报率为15%~20%，债券为4%~5%，现金为1%~3%。当然，这是动态的，随着经济的变化、利率的变化，这些资产的收益率区间也会随之发生变动。

匹配认知

匹配认知，就是根据之前对自己和市场情况的了解，进行不同的资产配比，以获得符合自己要求的收益曲线。例如，经过了解，你发现"50%股+50%债"的资产组合更适合自己。那你可以根据这个比例，去选择对应的股票基金和债券基金，然后每过一段时间，进行一次动态平衡（卖出超比例的资产，买入比例不足的资产），这样就可以在无形中完成大类资产间的高抛低吸，最终让你的资产组合跑出想要的收益曲线。

这里值得注意的是，资金的使用时间不同，对应的投资需求也会有差异。所以，我们往往需要多个资产组合，对应多种投资目标，才能完成自己的资产配置。例如，长期不用的钱，我们可以追求更高的收益，配置更多比例的股权类资产；马上要用的钱，灵活性更重要，所以我们可以选择收益较低的资产，少配甚至不配股权类资产。

具体怎么配置，每个人都要结合自己的实际情况来确定，如财务情况、风险承受能力和偏好、投资理财目标、对市场的理解等。除了你自己，没人能给你答案。

这里提供一个模板供参考（见表2-2）。

表 2-2　资产配置模板

资金用途	资产配置
随时要用的"活钱"	100% 货币基金等现金类资产
3~6 个月的中短期"稳钱"	80% 现金类资产 + 20% 债券类资产
0.5~3 年的中长期"稳钱"	70%~90% 的现金类与债券类资产 + 10%~30% 的股票类资产
3 年以上的长期"闲钱"	20%~80% 的现金类与债券类资产 + 20%~80% 的股票类资产

总而言之，做好资产配置才是我们投资中最重要的事。它能帮我们合理提高投资收益，尽早达成投资目标。

投资避坑的两个锦囊

说到投资，似乎大家都有一个印象：投资能赚钱。但如果要自己动手投资，很多人又总是望而却步，迟迟不敢开始，这是为什么呢？是因为怕亏钱。

确实，这些年随着国家金融行业的蓬勃发展，各种各样的"金融大坑"也跟着多了起来。近几年的坑包括虚假 P2P（个人对个人）网贷、区块链骗局、空气币、股票杀猪盘等，各种"投资新项目"层出不穷，让人防不胜防。

我们在投资时该如何避免掉坑里呢？这里有两条重要的经验值得借鉴。

投资要遵循"不可能三角"

刚接触投资时，很多人都说自己的愿望很"简单"，就是想找到一个风险很低、收益很高、买卖灵活的投资产品，然后把钱投入其中，坐享收益。有这样的投资产品吗？对不起，真的没有。

这就要说到投资中的"不可能三角"理论。

简单来说,"不可能三角"的含义是一个金融产品的收益性、安全性和流动性,三者无法同时满足。也就是说一个金融产品不可能同时具备高收益、低风险和高灵活性。比如,股票的收益高,买卖灵活,但伴随的风险就很大;货币基金非常安全,存取灵活,但对应的长期收益就非常低。

这个理论非常简单,也很容易理解。其实,有用的东西从来都不复杂。因为大多数人投资掉坑的原因,往往不是技术不到家,而是投资的基础逻辑出了问题。

我们在投资中碰到不熟悉的投资产品时,都可以用这个理论先检验一下。例如,前几年炒得沸沸扬扬的 P2P 网贷,就号称是高收益、低风险、取用灵活的产品。以 2015 年爆雷的某 P2P 网贷产品为例,其介绍是:平台主打 A2P(资产对个人)模式,旗下产品为融资租赁债权转让,预期年化收益率为 9.0%~14.2%,期限分为 3 个月、6 个月和 12 个月。在实际营销时,该产品更是打出"1 元起投,随时赎回"的口号,不少销售人员在推荐时也宣称"保本保息、灵活取付"。

其实,只要用"不可能三角"检验一下,我们就能发现问题。所谓"1 元起投,随时赎回"以及"保本保息、灵活取付",完全对标了"货币基金"甚至"银行存款"的安全性及灵活性。但是,1 年期银行存款利率才不到 3%,而 1 年期该产品的收益率可以达到 14.2%。换句话说,它把"不可能三角"变成了"可能三角",这样的金融产品,怎么可能安全呢?

但就是这么简单的骗局,被骗资金居然超过 700 亿元。可见,控制贪婪是我们投资实践中重要的一课。想要投资不掉坑,就一定要用"不可能三角"多检验。

任何时候不要借钱投资

如果说"不可能三角"是投资避坑的技术手段,那"不借钱投资"就是我们的心理底线。

要知道,投资的本质是概率,实战中更是充满了不确定性,谁也无法保证未来一定能赚钱。我们只能根据市场的过往规律及自己对投资的认知,来做出大概率正确的选择。但是,如果哪天运气不好,市场发生了小概率的极端情况,我们的投资就可能失败。

因此,在投资时我们必须为自己"留一手",为可能出现的极端情况做好准备,这样才能防止自己因"逻辑正确"而投资失败。

如何"留一手"?对我们来说,最简单的便是"不要借钱投资"。

例如,从长期来看,股票市场是个收益高、风险也大的地方,短期出现30%以上的跌幅并不罕见。如果我们在估值合理的时候投资股市,也有可能遇到这种程度的下跌,账户会发生相应的回撤。

这时候,如果我们用的是自己的钱,或许开始会很难受,但只要熬过去,后面大概率都能让我们的投资"有所回报"。

如果我们用的是借来的钱,就像按揭买房一样,自己出30%,借款70%,那一旦账户跌幅超过30%,就意味着自己的本金全部亏完。如果此时债主要我们还钱,我们就再也没机会等到"有所回报"的那一天了。

由此可见,借钱投资虽然可以放大收益,但同时也会放大亏损,甚至会让我们亏光本金,背上债务,最终掉入投资的"坑"。

所以,在投资实践中,我们一定要摒弃"借钱习惯",只用自己的钱投资，赚自己能赚的收益，亏自己能亏的本金，不要"超纲操作"。

不断进化：投资也要认知升级

投资的好处和陷阱

1997年，美国人罗伯特·T.清崎的《富爸爸穷爸爸》一书出版，之后半年就销售了100万册，连续6年雄踞《纽约时报》畅销榜榜首，还被翻译成51种语言，在109个国家售卖。

这本书为何如此畅销，它到底写了什么呢？

简单来说，它迎合了很多人想要暴富的心理。在这本书中，作者把普通人赚钱的路子分成4个象限：雇员、专业人士、企业家、投资人。

- 雇员：干活最多，赚钱最少的群体，基本不可能实现财富自由。
- 专业人士：可能是公司的核心骨干，有一技之长，拿着不错的薪水，能利用自己的特长做点小生意，赚的钱介于雇员和企业家之间，但很难实现财富自由。
- 企业家：有组织，有团队，有系统，有一帮人帮着干活，能够富有。但是，要让整个企业完成正常运转，就必须处理好很多难题和杂事，牺牲很多个人时间。结果就是，虽然赚钱很多，但很难真的自由。
- 投资人：靠投资赚钱，比企业家轻松，比雇员和专业人士赚得多，可谓是赚钱又自由。①

按作者的描述，我们不难发现，当投资人无疑是大家都喜欢的，因为它确实好处很多，尤其能满足大家对"轻松赚钱"的念想。

但是，当投资人真就这么简单吗？显然不是。表面看起来越是美好的东西，背后的问题可能也越大。

曾有人问步步高集团董事长、国内知名投资人段永平，你认为做投资和做企业哪个更容易一些呢？段永平回答说："相对于投资，我认为做企业更容易一些。因为做企业，我们不会去做自己不懂的领域，而做投资经常会高估自己的能力圈，投资自己不懂的领域，最后就失败了。"

从段永平的回答中可以看到，靠投资致富听起来很美好，但实际并不像很多人想的那么简单。

很多时候，我们以为自己已经掌握了某种投资方法，但到实战中才会发现，什么叫作"知易行难"，其实自己懂得太少了。比如，你之前学习了某种投资方法，通过下场实操确实赚到了两次钱，那你的脑海中就很容易产生一个想法：这个方法太好用了，只要不断重复，投资赚钱不就太简单了！于是，你开始小幅追加投资，想在这个方法下次应验时赚到更多钱，结果却发现它不灵了，"该涨"的时候总出现"亏损"，但你不放弃，因为相信它能赚钱。于是你开始追加投资，但它还是接着亏，直到相同事情反

---

① 资料来源：罗伯特·T. 清崎，莎伦·L. 莱希特. 富爸爸穷爸爸［M］. 杨军，杨明，译. 北京：世界图书出版公司，2000。

复出现，你终于发现之前是自己错了，只不过市场用"错误的答案"让你产生了幻觉而已。所以，很多人无法靠投资赚钱，很多时候就是因为他们很难迈过这个陷阱。正如"达克效应"所描述的，在我们初入市场时，常常因赚点小钱而自信满满，以为大师不过如此，却不知自己已身处愚昧之巅；直到亏钱效应出现，自己的投资自信开始崩塌，坠入绝望之谷，才知道自己根本不懂投资。带着这样的觉悟，我们开始用心学习，通过一点点投资知识和经验的积累，慢慢重拾自信，爬上开悟之坡。随着投资经验和能力的累加，经过时间的洗礼，我们才能越爬越高，最终站上持续平稳的高原，成为清崎书中"最赚钱的投资人"（见图2-1）。

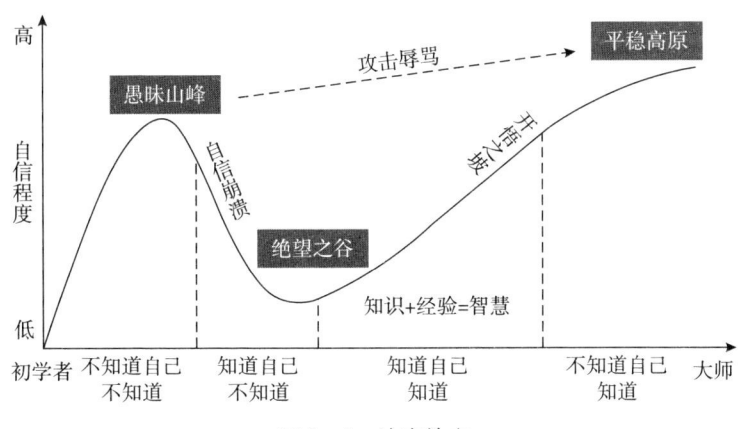

图2-1 达克效应

资料来源：且慢投研。

所以，这也是为什么笔者一直建议初学者"要选择自己舒服的姿势，不要眼里只有收益，也要看到风险"，就是怕大家陷入自己的投资陷阱，赚小钱亏大钱，最后在绝望之谷爬不出来。

因此，对于投资我们要做的不是一知半解的全盘押注，而是持之以恒的学习和投入，通过实践不断总结提炼，反哺提升自己的投资认知，建立自己的投资提升闭环。相信你最终一定能爬上自己的开悟之坡，站到持续平稳的高原。

从投资方法到投资体系

人常说"实践出真知"，投资也是一样。对于任何投资方法，我们经过一段时间的实践，都会发现它的优势与不足，这时候就需要一套不断进化的投资体系与之匹配，才能解决单一投资方法带来的局限。

具体怎么做呢？主要分两步：第一步是从方法进化到体系；第二步是小步试错，不断迭代。

从方法进化到体系

多数新手做投资，都是从学到的一两种方法开始。有的人运气好，先赚了钱；有的人运气差，先赔了钱。无论赚钱还是赔钱，经过一段时间的摸索，我们都会发现这套方法不实用，进而去学别的方法。但在实践别的方法后，发现也不实用……

实际上，这不是方法的问题，方法都有其局限性，只能解决特定条件下的特定问题。所以，要想突破方法的限制，就得摆脱"方法思维"，让自己进化到"体系思维"。

体系思维是指用投资体系去解决投资问题。一般来说，投资体系至少要包括两个部分：一个是交易系统，另一个是观察系统。

先说交易系统。交易系统是指进行具体投资的一套交易策略。比如，定期定额定投就是一种简单的交易策略，可以归进我们的交易系统；再比如，网格化交易就是一种"在一定区间内，涨了就卖，跌了就买"的交易策略，也可以归进我们的交易系统。

构建交易系统的目的，是解决具体的投资问题，包括一笔投资的买卖点、交易时间、交易空间等。可以说，交易系统非常重要，没有它，我们的投资就是无本之木，只能被情绪主导，走向追涨杀跌的老路，最终投资失败。

然而，投资市场并非一成不变，当发生一些未知事件，导致整体的投资大环境出现变化时，我们的交易系统就可能崩溃。为了解决这个问题，我们就得为自己的交易系统，搭配一套与之对应的观察系统，来预防和应对这种变化。

就像一支军队，除了有正面的作战部队，还应该有观察员、侦察兵，他们充当了整个部队的眼睛，让指战员知道目前战场的情况，了解自己所处的整体环境，只有相互配合，才能取得最后的胜利。

对投资来说，我们的观察系统至少应该包括宏观经济、货币政策、行业周期、估值水平、市场情绪等。当收集到这些信息后，我们就可以像指挥官一样，做出自己的判断，然后运用交易系统，实现自己的投资目标。

小步试错，不断迭代

要知道，世界上没有一套投资体系是完美的，任何投资体系都有其问题。所以，在建立自己的投资体系后，我们要抱着学习的心态，在实操中不断小步试错、发现问题，然后改进迭代。

知名投资人"ETF 拯救世界"曾坦言："在过去的一个阶段，无论投资做得成功还是失败，我都会不断反思。反思自己到底为什么做得不错，或者为什么做得不好。如果体系和策略没有错，是自己没有严格执行导致结果不如人意，那就告诫自己提高执行力。如果是体系和策略本身出了问题，那就改进体系和策略。"①

正是这股"不服输"的劲头，为 ETF 拯救世界后来的投资成功之路奠定了基础。他不仅将自己的交易系统分成多个子策略，而且在这些已经比较成熟的子策略的基础上，又做了多个版本的改进。他也在自己基于价值投资的观察系统中，融入了一定的趋势投资的元素。这一切，都是为了不断优化自己的投资体系。由此以来，经过多个版本的迭代，他的投资体系变得十分牢靠，经受住了市场检验。

投资无止境，它不仅需要我们的天赋，更需要时间的洗礼。我们只有不断摸索、不断总结，才能打磨出一套适合自己的能不断进化的投资体系，帮我们达成自己的投资目的。

聪明人与笨蛋

一次股东大会，有记者问巴菲特："你作为'股神'，当年为何没有投资亚马逊？"巴菲特非常幽默地当着两万人的面回复记者："因为我愚蠢。"

作为世界公认的投资大师，巴菲特的这番回答有点让人摸不着头脑。但可以肯定的是，当年没投资亚马逊，不是因为他愚蠢。

巴菲特之所以不投，原因只有一个，即不投资不熟悉的公司、不熟悉的领域。换句话说，当年他认为自己看不懂亚马逊，所以宁愿错过，也要放弃。这完全符合他自己一贯坚持的能力圈原则。他认为自己之所以有今天的成就，最重要的一点，就是一直坚守

---

① 资料来源：ETF 拯救世界.E 大是如何建立一套不断进化的投资体系的［EB/OL］.(2019-09-27). https://mp.weixin.qq.com/s/pXs4Tq0NrHkxVe6PIDiIIQ.

在自己的能力圈里进行投资。

然而，并非所有人都喜欢听巴菲特这简单又朴素的道理。投资新手往往喜欢指点江山，动辄觉得自己能一年翻几倍，信心十足；投资老手总显得谨小慎微，很少发表斩钉截铁的言论，说话常常带有"可能""或许""大概率""在某个前提下"等词语。如果只看表象，你或许会觉得长江后浪推前浪，一定是新手比老手更厉害。但实际上，所谓"老手"，正是经过了市场的洗礼，从众多新手中筛出来的佼佼者。所以，并非老手不懂，而是新手"太懂"。

在实际投资中，我们常常会看到两类人：一类是"专情的笨蛋"，他们常常把时间和精力花在某种投资方法或某类投资标的上；另一类是"花心的聪明人"，他们不断寻找新的投资方法和机会，并进行浅尝辄止的投资。最后结果往往是"专情的笨蛋"赢得收益，并认为自己要学的还很多；而"花心的聪明人"出现亏损，并宣称这个投资方法不值得尝试。这是为什么呢？

说白了，因为"笨蛋"喜欢偷懒，避开了那些不懂的领域，只做自己擅长的事，在一件事情上下的功夫多了，成功的概率自然大；而"聪明人"因为太过勤奋，太过急于求成，满脑子想的都是"哪里有机会""哪里能薅羊毛"，所以很依赖市场走势，一旦市场不好，错过机会，收益自然也高不了。

所以，在投资实战中，我们要多当"笨蛋"，少当"聪明人"，在自己的能力圈里，投资自己看得懂的领域。

第二篇
管好四笔钱

第三章　什么是资产配置

明确投资目标

我们在建立了正确的投资认知后,就要开始着手进行目标规划了。正式开始投资前的第一步是了解自己,即对自己的投资目标有个清晰的认知。

古语有云,知彼知己,百战不殆。怎样才算投资目标很明确呢?当然是越具体越好。投资目标设定得越具体,你在进行投资决策的时候就越容易过滤掉不该纳入决策范围的产品,选择范围大大缩小,选择起来也就轻松多了。

一个完整的投资目标应该包括三大要素:收益、风险和时间。我们在设定目标时要做好三者的动态平衡。

● 收益

正所谓盈亏同源,收益和风险是正相关的。预期收益率越高,伴随的风险也就越大。如果某个产品能让你一夜暴富,那么它也能让你一夜破产。同理,如果投资的产品是无风险资产,那么其收益率也不会很高。所以我们一定要根据自身风险的承受能力,决定投资目标。

- 如果你的目标收益率为 5% 左右，希望高于银行定期存款利率、能够抵御通货膨胀，那么你可以围绕货币基金、银行理财、债券基金等这类稳健型的产品进行投资。
- 如果你的目标收益率为 10% 左右，那么你要能够承受一定的风险。要想达到这个收益率，持仓中肯定有一定比例的股票类产品，如股票、股票基金等。一般来说，这 10% 并不是每年固定的，有可能今年 12%，明年 –6%，后年 18%，长期下来，复合收益率为 8%～12%。
- 如果你的目标更为激进，目标收益率在 20% 及以上，那么实事求是地说，这样的收益率短期很容易做到，一只股票的一个涨停板就可以实现（创业板和科创板）。想要长期做到却很难，而且你还要承受可能超过 30% 的亏损，巴菲特的长期收益率也就在 20% 左右。要知道，过高的预期是亏损和不幸福的来源，要想维持这样的高收益率，需要长期参与市场博弈，在涨跌中进进出出，带来焦虑不说，还对投资者自身的能力有很高要求，同时需要像巴菲特常说的中了"卵巢彩票"那样的运气。

风险

说完收益，我们不难发现收益目标的选择与你的风险承受能力密切相关。风险承受能力不同，设定的收益目标就不同，那么所做出的决策、选择的产品也就不一样。我们可以从收入水平、年龄和投资经验 3 个方面来判断自己的风险承受能力。

收入水平

这里有一个常见的思维误区,就是收入越低越要投资高风险的理财产品,反正本金少,亏了也不怕,这种思想其实是有很大问题的。

收入水平和风险承受能力并不是直接相关的。如果你的收入高、支出高,很难存下钱,那么风险承受能力不一定高;反之,如果你的收入不多,但能稳定存下钱,那么风险承受能力不一定低。

所以,风险承受能力是根据你"手中"有多少持续且稳定的现金流来决定的,并不是收入决定的。

年龄

年龄对风险承受能力的影响也很大,通常年龄越大,风险承受能力越低。有个根据年龄划分投资标的的简单方法:用 100 减去你的年龄就是风险投资的占比。比如一个 60 岁的人,用 100 减去 60 等于 40,那么就将 40% 的资产投资中高风险的产品,剩余 60% 的资产投资风险较小的产品。当然这是一个大概的比例,不是绝对数值,对于中老年投资者,控制风险是投资理财的首要考虑因素。

投资经验

投资经验较丰富的人,由于对市场的风险和波动已经有了一定的了解,所以风险承受能力更高;而投资新手可能因为对投资产品的认识还不够,很容易盲目跟风,这种情况下尽量避免购买风险较大的产品。

时间

投资时间也是一个很重要的因素，很多人可能都会忽略这一点。我们在投资时，一定要对钱的使用周期有个大致的预期，判断用于投资的这笔钱可以闲置多久。比如短期要用的钱，可以配置一些灵活的资产。投资股市的资金一般要 3 年以上不用，因为 A 股一轮牛熊转换周期为 5~7 年。

若是将短期有用途的钱拿来投资股权资产，很容易在市场波动时亏损。因此，明确每一笔资金的投资期限，我们才能计划是进行长期投资还是短期投资，从而配置相应的产品。

举个例子，张先生 30 岁，是一线城市的白领，工作稳定。月收入 1.5 万元，年终奖 5 万元，每个月开销在 7 000 元左右。他没有太多投资经验，但希望能积极增值。

按照上述方法我们来看看如何配置。第一步是确定收益目标。张先生比较年轻，收入稳定，但没有太多投资经验。如果以追求跑赢通胀为目标稳健增值，那么 8%~10% 的目标收益率比较合适，当然这个目标不是一成不变的，而是要根据未来的经济发展情况动态调整。根据张先生的年龄，我们用 100－30＝70，股权类资产最高可以配置到 70%，剩余 30% 可以配置货币基金或者债券基金等波动较小的资产。在还没有太多投资经验的情况下，张先生应该再降低一些股权类资产的比例，由于其收入稳定，可以选择股债比例为 6∶4 或 5∶5 的方案。而年终奖就留作流动性资金。

设定好目标和资产配置方案后，就可以进入下一步具体投资品种的选择了，在本书的第四章至第七章会有详细的讲解和介绍。

总结一下，正确的自我认知和合理的理财目标不但需要掌握一些投资的基本知识，还要对自己的风险承受能力、大类资产收益、自身资金的使用规划有大致的了解。当你有一个清晰且可执行的投资目标时，才能鼓励自己一直坚持下去，最终实现目标，拥抱收益！

找到属于你的家庭理财方案

学会记账，梳理财务账户

你身边是不是经常有人抱怨自己存不下钱，每个月的工资都不知道花到哪里去了。对于有这种情况的朋友，一定要养成记账的习惯，对自己的财务状况做整体的梳理。通过记账，我们能够了解自己的收支情况，规划自己的存钱目标，合理利用自己的每一笔钱。

接下来，我们就详细说一说如何梳理家庭与个人的财务账户。

建立 3 个账户

首先，整理出 3 个账户：收入账户、支出账户、投资账户。3 个账户可以对应 3 张银行卡，以便做资金划分。

- 准备一张银行借记卡 A，用于存放主要收入来源，如果收入比较分散，可以都归到这张卡上。
- 准备一张信用卡 B。
- 准备一张余额能满足自己月消费的银行借记卡 C。

A 卡与 C 卡都为借记卡，最好设置不一样的密码。A 卡对接各种资产账户，如证券账户、基金账户、私募专户等。C 卡对接各类消费账户，如各种网购平台、支付宝、微信支付等。不要嫌麻烦，这是为了限制过度消费，更好地规划自己的资产。

B 卡是信用卡，还款日可以设在工资发放日的第二天，每月工资还完信用卡后，把当月消费额转入 C 卡，其余在 A 卡中做统一投资规划。

日常消费可以最大限度使用支付平台提供的免息信用消费。注意，是免息，而不是透支消费和分期付息消费。现在很多人，为了所谓的精致生活，在各种消费贷、分期付款的诱惑下，过上了借明天的钱今天来花的"小负翁"生活。但只要你花点时间就能算清楚，过完免息期立即还钱才是正解。不然，你就是以 10% 以上的年利率去借钱。试问，你找得到无风险收益率在 10% 以上的投资产品吗？显然不能，所以，不要借这种消费贷。

记好流水账

除了上述的 3 个账户，还需要对日常的消费及支出做出清晰的规划，建立家庭流水账。可以用小本本记，也可以用 Excel 记，还可以用记账软件记。记账方法见表 3-1 和表 3-2。

表 3-1　每日记账本

时间	收入		支出	
	内容	金额（元）	内容	金额（元）
×年×月×日				
月底小计				
月底盈余				

注：此表记录每日的每一笔账单。

表3-2 每月记账本

时间	收入		支出	
	科目	金额（元）	科目	金额（元）
×年×月	税后工资		衣	
	税后奖金		食	
	补助及福利费		住	
	偶然所得		行	
	其他		健身美容	
			休闲娱乐	
			教育培训	
			其他	
年底总计				
年底盈余				

注：此表是对每日记账本的汇总，按科目归类。

每月记账本主要包括收入和支出两部分。收入部分归类比较简单，支出部分主要有"衣食住行"4个方面。

- 衣：包括衣服、鞋帽、包、首饰等。
- 食：包括一切"入口"的东西，如外出用餐、米油盐酱醋茶、水果、零食等。
- 住：包括房租、物业费、水电费、取暖费、燃气费等。
- 行：包括打车费、停车费、车辆保险费、保养费、油费等。

此外，还有一些其他消费，比如休闲娱乐，包括旅游、打游戏、看电影等；教育培训，包括买书、参加各种证书考试等。

如果觉得每天记账很麻烦，可以在消费的时候尽量用信用卡，这样既可以享受一个月的免息额，还可以自动生成账单，方便我

第三章 什么是资产配置

们把每个月的消费归类。这里再次提醒,最好不要分期还款,更不要逾期还钱。

建立你的现金流量表

按照分类,把收入和支出坚持梳理一年,就可以开始第二步了,即建立自己的现金流量表。

如果你已经对自己的年度收入与支出情况有了大概的认知,那你也可以直接建立现金流量表(见表3-3)。当然,第一步最好不要省略,因为这样可以很好地验证,你所感知的收入、支出与真实情况是否一致。

现金流量表里的赚钱能力不包括资产增值部分,只包括自己劳动力的货币价值。这样,在未来的投资计划中,你就能根据稳定的收入来源以及相对可预测的变化情况,准确地评估你所能接受的投资标的,特别是在投资标的有下行风险时可以提供较清晰的帮助。

表3-3 现金流量表

收入(年度)	金额(元)	百分比(%)	支出(年度)	金额(元)	百分比(%)
税后工资			衣		
税后奖金			食		
补助及福利费			住		
偶然所得			行		
其他			健身美容		
			教育培训		
			休闲娱乐		
			其他		
收入总计			支出总计		
年度盈余					

学会独立思考

做这几张表的目的，是让你清楚自己的赚钱能力和消费水平。财富管理的目标是维持或提高自己的生活品质，让自己的收支平衡且得到满足。

在收入与支出中，还可以计算固定收入、浮动收入与固定支出、浮动支出等部分。固定支出相当于面包，浮动支出相当于黄油。协调好两者关系，能让我们生活满足而不焦虑。习惯延迟享受也是财富管理的一课。

整理消费清单，你还可以更清楚地了解自己的时间是和谁一起，花在了什么地方。今年的每一天怎么度过，影响明年的你的样子。换而言之，整理消费清单也可以帮助你观察自己的成长，梳理自己的真实需求，而不是人云亦云地赶时髦。投资需要独立思考，消费亦然。

如何规划不同人生阶段的财富

对大多数人来说，理财是伴随一生的系统性工程。在我们人的一生中，消费是相对稳定且贯穿始终的，但不同时期，受不同财务状况、生活重心的影响，收入与支出是有较大波动性的。因此，在不同的生命周期阶段，应该有不同的理财规划。

从单身，到成家立业，再到退休养老，每个时期的账务规划，都需要根据个人或家庭的不同特点，结合当期的收入和开支，来合理地分配消费、储蓄以及投资资金，这样才能既保证生活需要，又使节余的资金科学地保值增值。

第一个阶段：单身期，努力提高人力价值，增强收入现金流

单身期一般没有太大的家庭负担，这个时期通常也是自我提升的黄金期。所以理财的重点不是追求在投资市场获得高收益，而是应该首先考虑提升自己的人力价值，争取事业进步、升职加薪，增加自己的收入现金流，多多积累本金。同时接触和学习正确的投资观，一来可以学习投资理财的知识并积累经验，二来因为本金不多，偶尔踩坑、亏钱反倒不难接受。

在保险方面，此时负担较轻，年龄低保费又相对较低，可以按照医疗险、意外险、重疾险、定期寿险的顺序来配置，如果预算有限，重疾险可以优先考虑定期。

两个小建议：

- 学会并坚持记账，掌握收支状况，尽量不做"月光族"，减少不必要的开支。
- 强制储蓄，慢慢积累。掌握正确的存钱公式：支出 = 收入 - 剩余，也就是拿到工资后，先留下足够的钱，剩下的钱才用来消费。

这个时期由于存量资产并不多，通过投资获得的收益，可能远不及工作收入的增加。相比投资理财亏钱，此时更大的财务风险其实是，个人的成长慢导致收入增长速度受影响。

理财优先顺序：开源节流 > 保险配置 > 资产增值规划 > 应急资金 > 购置房产。

第二阶段：家庭组建期，从单一的"人力价值"转向"人力价值"和"资本价值"的双轮驱动

当结婚生子，进入家庭组建期，事业上也差不多迎来黄金期。工资收入快速增加，加上之前的一定积蓄，资产积累相对可观，获取财富的源泉可以从单一的"人力价值"转向"人力价值"和"资本价值"的双轮驱动。但同时，这个时期是家庭的主要消费期，像房贷、消费支出等在大幅增加。

因此，这个时期的理财重点是合理安排家庭建设的支出。这个时期的财务容错率低，不要盲目追求高收益，可以选择相对安全的投资方式。因为有一定的本金积累，即使收益率不高，赚的钱也会可观。100万元赚10%就有10万元，而1万元翻倍也才赚1万元。更何况10%的收益率是可持续的，100%的收益率则多是靠运气。

不过，这个时期在投资理财上也要更有策略，以多元化的方式配置，可以拿出一笔较长时间内不用的闲置资金配置于风险较高、期望收益率也较高的进攻性资产上，争取更大的资产增值空间。

另外，这个时期最怕的是家庭经济顶梁柱突遭疾病或意外，不仅收入中断，还会带来大额支出。因此要重视家庭经济顶梁柱的保险配置，医疗险、意外险、重疾险、定期寿险必不可少，定期寿险要覆盖房贷以及3~5年的家庭开支，重疾险的保额不能过低，最好在50万元以上。同时，家庭其他成员的保障也要根据预算合理配置。

理财优先顺序：保险配置 > 购置房产 > 子女教育规划 > 应急

资金＞资产增值规划＞养老规划。

第三阶段：准退休期

当步入准退休期，自己的工作经验、经济状况一般处于巅峰时期，房贷、车贷等大额贷款还得差不多了，加上孩子基本可以自立，家庭支出下降不少，财务负担没那么重了。

这个时期的理财重点应放在稳健复利上，留住之前奋斗的果实，不应过度追求投资上的高弹性。因为当本金达到一定规模时，一个10%的回撤可能就会损失不少盈利。

考虑到这个时期，赚钱能力减弱，抗风险力较差，相比资助子女，应该优先考虑安排好自己的生活，增加养老资金存储与投资。在保险方面，该阶段自身不再担任家庭经济顶梁柱角色，若年轻时已配置重疾险和寿险，基本上交费期已经结束，新增健康保障部分只需配置1年期的意外险和医疗险/防癌险。另外可适当配置养老年金险，安全稳健且确定性强，到达约定年龄即可按年或按月领钱，成为社保养老金之外的第二份养老金。

理财优先顺序：资产增值管理＞养老规划＞保险配置＞应急资金。

第四阶段：退休之后，养老成熟期，以风险控制为主

退休后，子女也差不多成家了，如果前期安排比较妥善，可以好好利用退休金安度晚年生活。

这个时期的理财原则，相比财富增值保值，更重要的是保持身体、精神健康，好的身体可以减少不少医疗支出。对于普通家

庭，在合理安排晚年医疗、保健、娱乐、健身、旅游等开支的前提下，可以优先考虑能带来固定收入的资产，保本是这个时期的理财重点。

此外，比起投资理财，要提高防骗风险意识，识别社会上的各种新型骗局和套路，避免多年的辛苦积累清零。

总之在不同的人生阶段，要通过合理的理财规划，实现个人资产最大化，争取给自己和家人创造安心生活。

用四笔钱进行资产配置

梳理完家庭的财务状况，我们就可以进入资金规划的下一阶段——资产配置。

什么是资产配置？简单来说，就是投资时把钱分配到不同的地方去，通过多种资产组合来达成自己的投资目标。

为什么要做配置？看好什么直接投不行吗？还真不行！这主要有两个原因：一个是单一资产始终存在爆雷问题，一旦风险发生，就会损失严重；另一个是投资是为目标服务的，每笔投资都应该有一个对应的目标，而目标不同所需要的投资方式也必然有所差异。所以，哪怕自己再有钱也不能一股脑儿投入，还是应该遵循科学方法，对钱进行分配投资。

资产配置没有万能模板

资产配置如何做呢？传统做法是帮你确定一个风险偏好等级，然后据此提供不同的产品。例如，当你做完一套风险测试题后，如果你被定义为低风险偏好者，就为你推荐风险低的现金类或债权类产品；如果你被定义为较高风险偏好者，就为你推荐更多股权类产品。

但这种做法其实是不合理的，原因主要有两方面。

一方面是因为人是会改变的，我们很难明确自己的风险偏好。比如，当处于牛市，我们看到的都是上涨，可能会觉得自己是个高风险偏好者；但到了熊市，又会觉得自己是个低风险偏好者。这是因为对市场的未来预期会影响我们的风险偏好。另外，认知的提升、收入的变化等，也会对我们的风险承受能力产生很大的影响。因此，我们很难客观、理性地评估自己的风险偏好。

另一方面是因为人的投资需求是多样化的。即便是一个高风险偏好的投资者，可能也有一部分钱是承受不了任何风险的，比如用于日常开支的钱，如果只是因为投资者风险承受能力高就推荐高风险产品，那么当不久后投资者需要用到这笔钱时，很可能会被迫亏损出局。反过来也一样，即便是风险承受能力比较低的人，在养老金、教育金等长期资金上，也应该更大比例地投入高风险、高收益的产品，而不是全都投入看似安全但长期跑不赢通货膨胀的产品。

做好资产配置，首先要明白的是，没有一个产品、一套配置比例可以适用所有人的所有需求。

除了可以使用第二章提到的"不可能三角"理论来检验收益性、安全性和流动性间的关系，还可以使用"四笔钱"来做资产配置。四笔钱，是指我们的钱可以被分为活钱管理的钱、稳健理财的钱、长期投资的钱、保险保障的钱。

如何划分四笔钱

活钱管理的钱是指我们随时需要用到的钱，主要是日常支出，比如日常的生活费。所以，活钱管理一般选择流动性好、风险低的产品，这样相应的收益也就不会太高。

稳健理财的钱是指半年以上、3 年以内，有具体用途但无须随时动用的钱。比如，计划年底要去旅游的钱，计划明年买车的钱。这笔钱可以在尽量不亏损的前提下，根据时间搭配好适合的产品，去获取比活钱管理更高的收益。

长期投资的钱是指留给未来的钱，是 3 年以上都不需要用到的钱。当然，期限越长越好，最好是像养老金、儿女教育金等几十年的长期资金。这部分钱投资期限长，主要用于投资高风险产品，将投资期限拉长以降低整体波动，追求更高的收益。

保险保障的钱则是指在不确定的未来中，为你生活托底的钱。它的意义在于当风险突然降临，我们不至于承受过多的损失，也不至于因为突发事件而影响上面三笔钱的规划。

活钱管理的钱、稳健理财的钱、长期投资的钱属于投资部分，保险保障的钱则属于保障部分。两者一为生钱，一为护钱，缺一不可，共同构成四笔钱体系。

怎样配置四笔钱

每笔钱的配置比例，是没有统一答案的。因为四笔钱的理论本身就是从投资者自身情况出发，不同的人答案是不一样的。

比如，第二章提到的有 50 万元闲置资金的投资者，他本身有工作，收入完全能够满足支出，同时 3 年内没有买车、旅游等大额支出的计划，因此对他来说，留足备用金后，大部分闲钱都可以放入"长期投资"的账户。

再比如，另一位投资者刚毕业不久，只有 5 万元积蓄，每月工资结余 1 000 元，明年又打算带父母出去旅游，预算 2 万元。按照四笔钱理论，他可以留 1 万元左右作为应急资金，放入"活钱管理"账户，旅游基金 2 万元可以放入"稳健理财"账户，剩下的 2 万元以及每月的工资结余，则可以放入"长期投资"账户。

资产配置决定收益和风险

巴菲特曾多次建议美国个人投资者定投标普 500 指数基金，在国内，对于不想折腾的人定投沪深 300 指数基金也是个省心的选择。

在一个不断增长的经济体中，投资一篮子相对优秀的上市公司，长期大概率会有不错的收益。当然了，靠简单定投标普 500 指数或沪深 300 指数，大致也能拿到一个及格分。如果不想止步于拿个及格分，那么需要掌握一些正确的方法，才能提高分数。

● 资产配置的重要性和必要性

投资中有两类典型问题。一类叫作择时，即买卖时点的选择，典型的问题是，"上证 3 000 点了，还能定投吗""收益率 50% 了，现在要卖出吗"等。另一类叫作择券，即投资标的的选择，典型的问题是，"科创 50ETF 值得买吗""这两个组合，哪个更好呢"等。

确实，这两类问题直接关系到我们投资的最终结果，都很重要。但投资中还有更重要的问题，那就是：你的资产配置情况是否合理，是否符合你的目标和风险承受能力？

举个例子，比如你的家庭资产有 50 万元打算用于 10 多年后养老，但 45 万元买了银行理财和货币基金，只拿 5 万元买股票基金以及自己炒股。如果你想方设法去找业绩好的股票基金，让这 5 万元赚得更多，意义不大。

我们做一道简单的算术题：用来投资基金的 5 万元，即使选到了更好的基金，多赚了 20%，相当于可投总资产 50 万元增加多少呢？答案是 2%。

如果你把大部分的钱配置在低风险理财产品上，这部分钱收益率很低，年化收益率只有 4% 左右，就会拉低可投总资产的收益率。

很多人每天研究国际关系、宏观政策、技术分析，为了很少的一部分钱操碎了心，希望努力找到最好的基金或股票。然而，他们又把大部分的钱放在表面看起来很稳妥，实际却一直跑不赢通货膨胀的银行存款和货币基金里面，或者放到表面看起来收益率很高，背后却承担了巨大风险的 P2P 产品里。

"全球资产配置之父"加里·布林森就曾说过："从长远看，大约 90% 的投资收益都来自成功的资产配置。"换句话说，大部分人关心的择时、择券以及其他因素，加一起只占到了投资结果的 10%。

其实，资产配置不仅决定了大部分投资收益，还决定了大部分的风险和波动水平。市面上形形色色的各种组合，收益率波动水平相差很大，有的像个小孩整天上蹿下跳，有的像位老人慢悠悠，其中最主要的原因就是它们底层的资产配置不同。

明白了资产配置的重要性，我们再回到本部分一开始说的及格分投资方案——定投沪深 300 指数基金，看看它有什么问题。

笔者认为它最大的问题，是没有告诉我们拿出多少钱来买。

如果每月只拿出很少一部分钱，那么这对你总资产升值的意义不大；如果是一有闲钱就全部投入，那巨大的波动也不是每个人都能承受的。而资产配置，就可以帮助我们解决这个问题，让我们的投资从及格分提高到良好成绩。

怎么做好资产配置

首先，我们要了解资产配置都有哪些原料（大类资产），它们的本质是什么，以及它们长期的风险收益特征大概是什么样的。

在第二章中，我们已经介绍过大类资产分为现金类、债权类、股权类、房产类、商品类。对于我们，资产配置的主要品种是现金类、债权类和股权类资产。接下来，我们来看以怎样的比例、什么样的策略将它们搭配起来。

以固定比例配置为例，这是所有策略的原点，其他策略可以理解为在此基础上进行的大类资产轮动。

其中，股债再平衡策略就是在固定比例配置的基础上，一定时间后通过卖出超比例的资产，买入不足比例的资产，让比例重回初始状态，在无形中完成了大类资产间的高抛低吸。

我们回测了 2005—2020 年，以沪深 300 指数和中证综合债指数为代表的股债组合，每年年末进行再平衡后的结果（见表 3-4 和图 3-1）。

表3-4　2005—2020年股债组合每年年末再平衡回测

股债比	年化收益率（%）	年化波动率（%）	最大回撤率（%）
20/80	8.20	5.93	-12.86
50/50	11.30	13.56	-34.13
80/20	12.09	21.17	-57.34
100/0	11.02	26.84	-72.54

注：最大回撤率是指组合在过去一段时间内的最大跌幅。

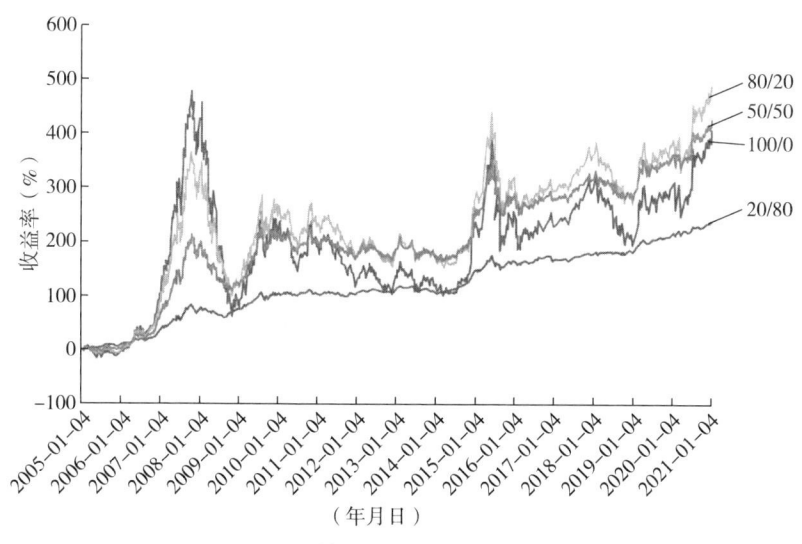

图3-1　股债组合每年年末再平衡回测
资料来源：万得资讯。

可以看到，50/50、80/20股债组合因为再平衡实现了高抛低吸，长期的年化收益率跟完全投资沪深300指数（100/0股债组合）的年化收益率相近，但因为债券本身风险波动要比股票小很多，长期的年化波动率和最大回撤率都要小不少。

因为2007—2008年股市的特殊表现，许多股票在那段时间经历了70%以上的最大回撤率，这导致了各个组合的回撤率都很高。但如果抛开这段时间，在依然包含 2015 年"股灾"的情况下，100/0、80/20、50/50、20/80 股债组合最大回撤率分别为：46.7%、39.2%、25.8%、10.6%。

当然，A 股有限的历史数据无法代表未来，但相对而言，A 股最大回撤率的参考意义要大于收益率，它至少能让我们清楚历史上发生过的最坏情况大概是怎样的，让我们对风险有足够的预期。

第四章　活钱管理

活钱管理对应四笔钱资产配置框架中的活钱部分，主要是管理我们日常生活中的流动资产，强调资产的流动性和安全性。虽然收益率不高，但是管好每一笔钱是我们做好投资的基础，本章主要讲解活钱配置的基础知识以及货币基金这一重要产品的投资方法。

为什么要有活钱

活钱，顾名思义，就是指我们日常生活中，随时可能需要用到的钱。之所以叫活钱，强调的是它的高流动性。很多人在投资中会忽略这笔钱。

例如，活期存款就是可以随时取用的高流动性的钱；货币基金、银行活期理财，也算高流动性的资产，通常几天内就可以到账；相反，房产的交易周期就比较长，属于流动性比较差的资产。

很多人在投资时喜欢把手里的钱全部投入高风险、高回报的资产中，生怕攥在手里会贬值，但是恰恰因为这种心理，当发生突发事件急需用钱的时候，就只能选择割肉离场或者四处举债。

虽然活钱的收益最低，但它是解我们燃眉之急的一笔钱。

在日常生活中，活钱的使用场景大致可以分为两种。

第一种是日常衣食住行需要用到的钱。比如我们每天上下班的交通费、一日三餐的饭钱、心血来潮想买衣服的钱，这些钱都是随时需要用到的钱。另外，像房贷、车贷、房租、信用卡等，虽然不是每天都需要，但我们必须在固定时间支出，因此同样需要用流动性高的钱来支付。

第二种是应急资金。除了应对日常开支，我们还可能会面临一些未知的、突发的支出。比如，当我们面临短期收入大幅下降甚至收入中断的情况。如果没有一笔资金来应对这种情况，我们会不知所措。

应急资金，就是用来应对"黑天鹅"事件可能带来的支出。虽然"黑天鹅"事件并不常见。但对普通人来说，在生活的方方面面，"黑天鹅"事件都有可能发生，如失业、突发疾病等，而这些事的发生可能会颠覆我们的生活。

留一笔应急资金，可以让我们在面对突发情况时，更加从容淡定。

怎么规划日常开支的钱

根据日常开支和应急资金这两种使用场景，规划好活钱首先要学会的，就是梳理收支，清楚自己每个月衣食住行所需要的开支范围。

对于日常收入，大部分人基本分为工资收入和额外收入两部分，比较好记录。

对于日常开销，每个人、每个家庭都不同，但总有相同的地方，比如吃饭、水电燃气物业、交通费、通信费，等等，这些都是大家日常花销的地方，只是金额多少不同而已。日常开销大致可以分成以下这几部分（见图4-1）。

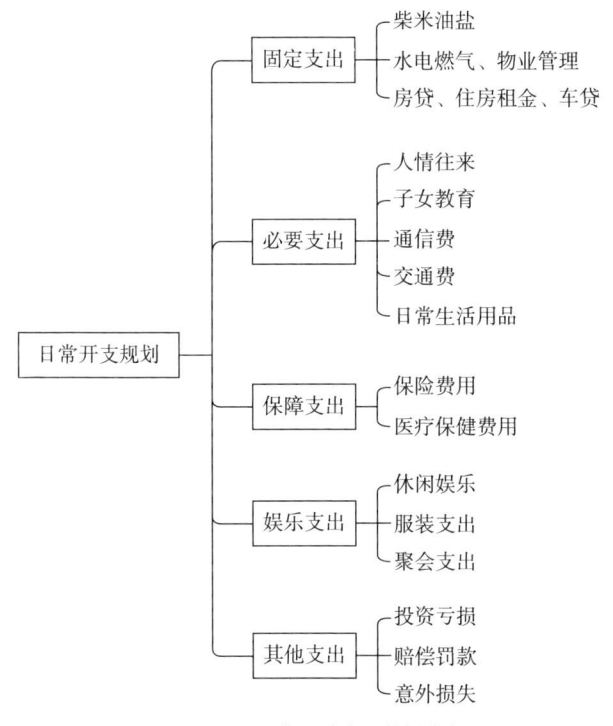

```
                    ┌─ 柴米油盐
           ┌─ 固定支出 ─┼─ 水电燃气、物业管理
           │          └─ 房贷、住房租金、车贷
           │
           │          ┌─ 人情往来
           │          ├─ 子女教育
           ├─ 必要支出 ─┼─ 通信费
           │          ├─ 交通费
           │          └─ 日常生活用品
日常开支规划 ─┤
           ├─ 保障支出 ─┬─ 保险费用
           │          └─ 医疗保健费用
           │
           │          ┌─ 休闲娱乐
           ├─ 娱乐支出 ─┼─ 服装支出
           │          └─ 聚会支出
           │
           │          ┌─ 投资亏损
           └─ 其他支出 ─┼─ 赔偿罚款
                      └─ 意外损失
```

图4-1 日常开支规划的划分

对于日常开支，比较简单、有效的方法便是记账。比如，现在很多人使用记账软件，来记录每一笔花销。

怕麻烦的话，也可以每月盘点一次，梳理清楚每月的收入明细、支出明细、结余情况。这样一来，大致可以知道自己一个月硬性的支出需要多少（具体记账方法可回顾第三章第二部分）。

这样记录之后，你还可以清楚地了解自己的赚钱能力和消费水平。对自己的日常开支和消费一目了然，整理消费的清单，你还可以更清楚地了解自己何时与谁一起，把钱花在了什么地方。今年的每一天怎么度过，将影响未来的你的生活水平。换言之，整理消费清单也可以帮助观察自己的成长，梳理自己的真实需求，而不是人云亦云地赶时髦。

在支出方面，一定要量入为出，清楚自己的财务计划后，更好地规划日常支出，把钱按照资金用途去划分，做到专款专用，这才是我们开始投资的前提。

为什么要配置应急资金

生活中，很多事情的发生都是难以预料的，比如意外事故、失业，或者其他黑天鹅事件。

这些事情一旦发生，就会对个人和家庭经济产生非常大的影响，使自己陷入资金短缺的困境。为了减轻这些未知事件带来的"损伤"，我们能做的只有未雨绸缪，提前储备好应急资金，以应对这些特殊情况的发生。

塔勒布在《黑天鹅》一书中提出，谨记的几个原则，其中有一个就是：

> 学会喜欢冗余。冗余（特指床垫下藏着的储蓄和现金）与债务是相对的。心理学家告诉我们，致富并不能带来幸福——如果你花掉自己的积蓄的话。然而，如果你将金钱藏在床垫下面，你便拥有了针对"黑天鹅"更有利的抵御能力。

相对来说，这笔资金对于灵活性的要求非常高，平时不能轻易取出使用，但到了关键时刻又要能随时取出，因此，建议选择一些灵活的储备方式。比如说，以活期存款形式存放在银行，或者配置货币基金这样投资期限灵活的产品。一般来说，准备一笔能够覆盖3~6个月家庭开支的钱就可以。

此外，如果没有配备保险，那应急资金中最好增加对医疗支出的准备。

活钱管理的品种选择

● 活钱管理应该关注什么

活钱管理的钱是你生活中随时需要用的钱，主要用于日常支出。对于活钱管理，应该如何选择合适的理财产品呢？

首先要考虑的就是安全性，其次是流动性，最后才是收益。因为这笔钱用于应急或者日常生活，所以安全性一定是最重要的。这笔钱需要随存随取，最好赎回当天就能到账，能直接用来支付，不用来回支取。因此流动性也很重要。在满足安全性和流动性的情况下，收益当然是越高越好，但并不十分重要。

● 什么样的理财产品适合活钱管理

考虑到以上几种因素，我们来说一下市面上比较常见的几种适合活钱管理的理财产品。

银行活期存款

银行活期存款可以说是老百姓心中最安全也是最熟悉的理财

方式，但是收益率比较低，一般年化收益率为 0.35% 左右，相当于 100 万元存款一年只能拿到 3 500 元收益。

我们不建议大家将银行活期存款作为活钱管理的选择。

现金管理类理财产品

现金管理类理财产品通常是指能够提供现金管理服务的理财产品，主要投资于货币市场、债券市场、银行票据以及政策允许的其他金融工具。一般由银行及理财子公司发行，具有风险低、收益稳、有一定流动性等特点。

投资者在购买现金管理类理财产品时，最常用于反映现金管理类理财产品收益情况的指标有两个：一个是日万份净收益，另一个是七日年化收益率。

日万份净收益是反映现金管理类理财产品日实际收益的指标。比如某现金管理类理财产品显示其在某日的日万份净收益是 0.89 元，也就是说，假如投资者当日持有该产品 1 万份，投资者当日得到的净收益就是 0.89 元。

七日年化收益率是指过去 7 日该产品的日万份净收益水平的平均值进行年化折算后得到的收益率。

现金管理类理财产品每日的收益情况都会随着投资经理的操作和货币市场利率的波动而不断变化，因此投资者看到的日万份净收益和七日年化收益率是有波动的，并非一成不变的。

货币基金

货币基金，也就是人们常说的货基，现在已经作为大家耳熟能详的投资工具，深入我们的生活。

货币基金主要投向的是银行间市场的一些安全性比较高、期限比较短的资产，如短期国债、票据、同业拆借等。货币基金的投资方向决定了它的安全性。

除了安全性，其流动性也十分良好。货币基金的流动性就体现在其赎回的速度上。

大家应该发现了，现在很多货币基金都支持快速赎回功能，这与活期存款类似，大家买入后可以随时卖出，立马就能到账，节假日也可以操作，让我们的资金更灵活。不过，2018年后半年开始，央行对货币基金的快速赎回增加了每天1万元的最高额限制，这给我们带来了一些不便，以后当我们用钱超过1万元的时候就要提早规划一下。

货币基金数量有很多，超过500只（统计包含不同份额），业绩方面也会有差异。总的来说，货币基金的最高收益率超过2%，而最低收益率不到1%（数据截至2022年9月）。

虽然收益率参差不齐，但我们一定要记住，活钱要的是流动性和安全性，收益率差一些是可以接受的。现在网上有很多关于货币基金的小工具和创新产品，帮助大家在货币基金这个种类上轻松提高收益。

我们以市场上一款货币基金组合"盈米宝"为例，其七日年化收益率为2.1387%（2023年9月7日数据），底层支持对接多只产品（当前其底层对接了10只货币基金，快速取现最高额度为10万元/日），还可以通过量化算法实现取现额度和收益能力优先。比如在分配成分基金时，盈米宝会优先选择近期收益能力更佳的基金，在保证最大取现额度的同时，尽可能提升综合收益，流动性和收益性表现都不错。我们以5万元投资一年来测算，银行活期存款收益为 175 元，盈米宝收益为 1 095 元。对随时可能有大额用钱需求，又没有太多时间和精力的投资者来说，可以选择此类货币类基金投顾组合。

怎么选货币基金

用一句话概括就是，一看流动性，二看收益率，三看基金规模，四看持有人结构。下面我们展开来讲讲。

流动性

简单来说，如果想随用随取，那就首选带有快速赎回功能的货币基金。

在介绍货币基金的特点时，我们就提到了有些货币基金支持快速赎回。这里再来系统介绍下。货币基金有两种赎回方式，普通赎回和快速赎回。

- 普通赎回：赎回的资金将在下一个交易日到账，而赎回当天仍然有收益。
- 快速赎回：赎回的资金一般能实时到账，最长不超过两个小时，但是赎回当天是没有收益的。快速赎回因为要通过银行垫资实现，并不是所有货币基金都支持。

所以，我们在挑选货币基金时，首先要考虑自己是否有当天赎回到账的需求，有的话就需要优先考虑支持快速赎回的货币基金，这个一般在购买时各平台都会有提示。

◉ 收益率

确认了自己是否有快速赎回的需求后,就要考虑我们最关心的收益率了。

很多人在选择货币基金时,使用七日年化收益率或者日万份净收益这两个指标,但是很多成熟投资者会使用静态收益率这个指标。

为便于理解,我们再来回顾一下七日年化收益率和日万份净收益,这也是货币基金最常见的两个指标。

七日年化收益率,就是假设货币基金能将最近七天的赚钱能力坚持一年,所能得到的收益率。比如某货币基金当天的七日年化收益率是4%,就表示如果它能保持过去七天的收益情况一年,所获得的收益率就是4%。

日万份净收益,表示投资1万元到这只货币基金,今天一天能赚多少钱。比如某货币基金今天的万份收益为1.2元,那么如果你今天持有该货币基金1万元,今天的收益就是1.2元。

在选择货币基金时,我们不能单靠这两个指标来挑选,因为它们的时效性太短了。七日年化收益率仅能体现出最近七天的表现,日万份净收益仅能体现出当天的表现。而市场行情是不断变化的。

我们投资于货币基金的主要是短期活钱。这部分钱可能只投资1个月、3个月或者半年。因此,衡量货币基金的区间收益既不宜过长也不宜过短,用过去一个月的收益来衡量是比较合适的。这样既有一定的业绩持续性,又能反映出当下市场行情中哪些产品的表现最好。

什么样的指标是观察一个月收益率最好的指标呢？这就是我们前文提到的静态收益率（静态收益率＝周六日万份收益÷2×365）。之所以叫"静态"，是因为它不关心交易日的数据，而只看节假日的。为什么要这样呢？因为交易日可能会有因为买卖导致的业绩被短暂拉升的情况，而节假日不能交易，也就能更准确地反映货币基金的真实资产配置收益。

基金规模

在流动性和收益率之后，应该考虑的就是基金规模，建议既不要选择规模过大、也不要选择规模过小的基金，最好是100亿~500亿元的中等规模的货币基金。

规模太大的货币基金管理的难度相对较大，因此业绩也不会太好。规模太小的货币基金本身实力不足，现在货币基金最重要的投向是银行的协议存款，如果本身规模太小，就没有和银行谈判的筹码，也就没有办法拿到较高利率。而且如果遇到大量用户集中赎回，还会面临流动性问题。所以选择规模适中的货币基金是最明智的选择。

持有人结构

使用以上3个指标筛选后，如果你还在几个选择间犹豫的话，那你还可以查看货币基金的持有人结构，我建议你选择散户占比超过60%的基金。

你可能会奇怪：不是都说机构专业、有眼光，为什么还要选散户占比高的呢？

因为机构对市场价格变化特别敏感，只要有一点点风吹草动，它们就会申购或者赎回，导致货币基金的波动很大，不够稳健。而散户对于市场利率的变动，不是很敏感，货币基金的业绩就会稳健很多。我们统计发现，只要散户比例超过60%，即使利率变动，货币基金的净值也不会出现很大的波动。因此，持有人结构可以作为一个参考选择。

不过，从投资的性价比来说，与其研究很长时间挑选一只收益稍高的货币基金，不如把这些时间用在钻研和提升自己的工作技能和业绩上。

对于大多数人，专业基金投顾机构提供的自动选择货币基金和自动调仓服务是一种比较好的选择，投入产出比高，省心又省力。

第五章　稳健理财

稳健理财对应的是四笔钱资产配置框架中的稳钱部分，主要是用半年到 3 年不用的闲钱来投资，那么这部分资金就不能有太大的波动，以"稳"为主，通过债券等相对低波动的资产配置提升在预期时间内获得正收益的概率。本章主要讲解稳健理财的特点以及如何通过"固收＋"来进阶，最后一部分还为大家讲解可转债这个近年来火热产品的详细知识点，当作本章最后的"小甜点"。

稳健理财的适合场景

稳健理财的特点

稳健理财是为了资产保值，同时不希望波动过大。因此通常选择波动低、不用担心暴跌的产品，这样才能安心。

稳健理财的特点

怎样才算稳健？可以从两个层面来衡量：一个是客观层

面,即从理财产品、理财方式的风险大小来看,风险小的相对稳健。另一个是主观层面,即你所能承受的风险,如果你能承受较高风险,那么别人认为不稳健的方式也许在你这就成了稳健方式。

所以,"稳健"只是相对而言的,我们要学会和掌握的是将自己选择的理财产品或方式控制在"稳健"的范围内。

尽管在主观层面,每个人的情况不同,需要具体情况具体分析。但从产品角度来说,稳健理财产品的特点是比较鲜明的:一是波动要小,有更好的投资体验;二是获得正回报的概率要大。

如何判断一个理财产品稳不稳

我们看市面上各种投资组合的收益曲线,有的像猴子一样上蹿下跳,有的像树懒一样四平八稳,主要就是因为它们底层资产的配置比例不同。最常见的就是股债配置比例不同。一般来说,股票仓位越高,组合波动也越大。

市场上常见的稳健理财产品,如果配置了股票类资产,股票占比一般有3个档位:一是10%以下,二是10%~20%,三是不超过30%。其中,前两种是更常见的。

当然,一个稳健的理财产品,资产配置比例通常以债券为主,比如占80%左右,股的占比最好不高于20%。因为从波动来看,通常股票类资产的最大回撤率在40%左右,极端情况可能会超过60%,而债券类资产在一般情况下的最大回撤率不超过5%。从收益来看,随着利率下滑,债券类资产的收益越来越低了。要想多赚一点钱,就需要承担一些风险去博取更高的收益。因此,许多理财产品都加入了股票类资产,但在增加收益的同时也增加了风险，需要投资者通盘考虑。

稳健理财的合理预期

稳健理财的目标并不是实现资产的大幅增值，而是实现资产保值。在规划稳健理财的时候，一定要注重将自己的资金与适合的投资产品相匹配，风险与收益相匹配。只关注收益，不关注风险，也不看资金使用期限，临时用钱的时候可能会遇到在亏损时不得不赎回的情况。

如果说你有一笔钱，是为不远的未来的支出做的准备，不需要马上动用，但是会有具体用途，比如下个月要还信用卡的钱，计划年底去旅游的钱，打算明年或后年买车的钱等，比起投资高风险产品，更适合的选择是稳健型产品，可以在尽量不亏损的前提下去获取比活钱管理更高的收益，实现合理收益的最大化。换句话说，稳健理财的合理预期应该是争取保值，抵御通货膨胀，然后在持有过程中，尽量安心，波动不要太大。

怎样选择稳健理财产品

了解了稳健理财的特点，我们该如何选择相应产品呢？

通常将1~3年的投资期限看作中短期投资，比如明年旅游的钱、后年买车的钱，这些钱都有明确的用途和期限，如果放在股市长期投资，万一遇到不好的行情，市场大跌，那么旅游、买车的预算就得打折了。

所以，对于投资期限在1~3年的资金，建议买入稳健理财产品，且最好持有1年以上。

稳健理财产品的风险

稳健理财产品的投资策略通常是以债券为主，再配置少量高风险、高收益的权益资产或另类资产来增厚收益，如股票、对冲资产等。虽然稳健理财产品的风险相对较小，但不是没有风险的，这类产品可能含有以下两种风险。

短期内，债券类资产存在亏损的可能

债券是政府、企业、银行等债务人为筹集资金，按照法定程序发行并向债权人承诺于指定日期还本付息的有价证券，实质就是欠条。虽然这张欠条是还本付息的，但债券仍然会面临三大风险，即利率风险、信用风险、流动性风险。所以短期内债券也会波动，甚至会亏损。图5-1是万得债券型基金指数走势，可以看到，这个指数整体是上涨的，但也并不是一条直线直直向上，而是波动上升。也就是说，在上涨过程中，只投资债券的基金也会出现回调，买入以及持有过程中，也会经历波动，出现亏损。

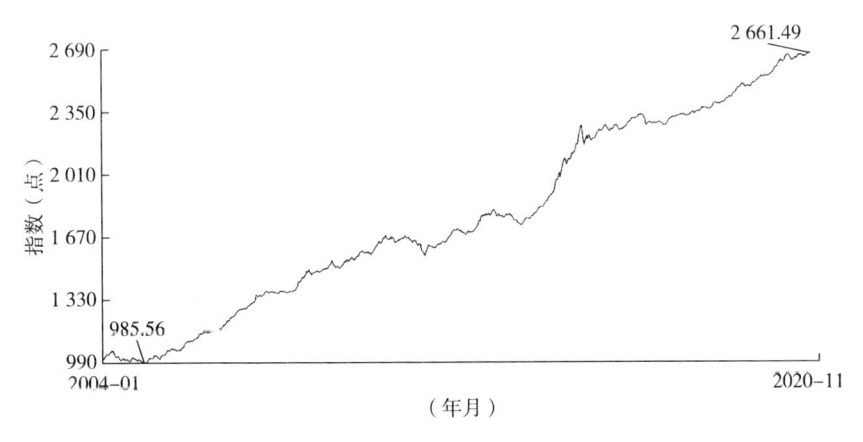

图5-1 万得债券型基金指数走势

资料来源：万得资讯。

加入高风险资产，增加收益的同时增加了风险

很多人不理解，为什么稳健理财产品也要加入风险较高的资产。因为利率下滑，不仅现金类资产的收益越来越低，债券类资产的收益也越来越低了。增加高风险资产，就是为了在债券类资产的基础上增强收益。

如果想获得更高收益，那就需要承担相应的风险。但风险不能过高，所以加入的高风险资产需要控制比例，以保证投资组合的稳健性。

以某平台的稳健理财产品为例，说明收益与风险情况（见图5-2）。

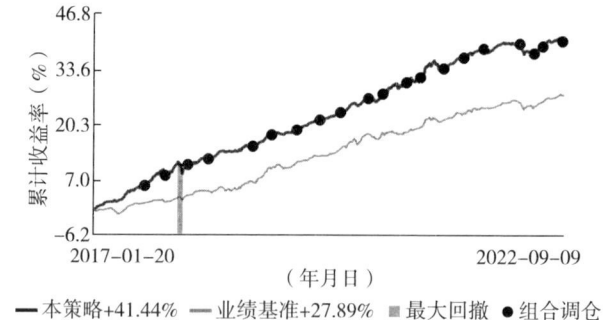

+41.17%　　　　+6.31%　　　　+0.12%
累计收益率　　　年化收益率　　　日涨跌

−2.79%　　　　2.34%　　　　　1.84
最大回撤率　　　年化波动率　　　夏普比率

近1月　近3月　近6月　近1年　成立以来

图5-2　某稳健理财产品的收益趋势截图

资料来源：且慢App。

该组合以80%~90%的稳健资产为主，搭配了10%~20%的权益资产，组合表现出来的效果就是年化收益率提高到了 6.31%，但是其中出现了 2.79% 的最大回撤率。如果你恰巧买在最高点，那你的账户也会浮亏 2.79%。在这种情况下，你应持有更长的时间。根据历史数据回测，持有时间超过 1 年的投资者，盈利概率超过 99%。

选择稳健理财产品的两个原则

那要如何选择稳健理财产品呢？还是要从钱的使用角度和你对风险的态度来衡量。

第一，使用角度原则。资金的可投资期限越长，可承受的风险越高；反之，则不能太高。期限短的资金可以选择多配置偏债型产品，期限长的资金可以选择多配置偏股型产品。如果你的资金可投资期限比较长，比如 3 年，甚至 5 年以上，那么更建议选择投资股票仓位高一点的产品。因为这样有机会获得更高的收益，虽然股票仓位高会导致短期波动大一些，但随着持有时间增加，这种短期波动的影响会降低，时间可以抚平波动。

第二，风险角度原则。根据自己的风险承受能力和偏好来定。资产配置并不能消除风险，只是让我们以一个舒服的方式拥抱风险。怎么样才舒服，与你自己的风险承受能力和偏好关系密切。如果你本身的风险承受能力和偏好不高，波动过大会让你睡不着觉，那么高波动的产品显然是不适合的。人性使然，大多数投资者在波动中会追涨杀跌，对于承受能力不高的人，跌几个点很可能就"割肉"离场了。下跌时因恐惧而卖出，一回本更是赶紧卖出，盈利没享受，亏损全承担，得不偿失。

如何使用这两个原则来选择产品呢？我们举两个例子。

例1：如果你的资金在半年以内就要用到，那么可以选择债券基金与货币基金的组合，货币基金提供了低风险和高流动性，债券基金则提供了收益增强的机会。当然，如果你对收益没那么敏感，更注重资金的安全性和灵活性，也可以选择货币基金来打理这笔钱，类似活钱管理的方式。

例2：如果你的资金的可投资期限为 1~3 年，那么可以选择 20/80 股债组合的稳健理财产品。如果你不确定这笔资金多久会被用到，但能确定这笔钱不是随时要用的活钱，并且自己是个偏好稳健的人，那么同样可以选择 20/80 股债组合的稳健理财产品。因为这类产品，通常可以以小概率的亏损帮你实现大概率的盈利可能，又不用经受股市可能带来的大波动，更易安心持有。

稳健理财的品种选择

什么是债券

什么是债券

债券是政府、企业、银行等债务人为筹集资金，按照法定程序发行并向债权人承诺于指定日期还本付息的有价证券。

债券类似于欠条，比如张三欠了李四 1 000 元，打了一张欠条，这张欠条就是债券。如果是国家找老百姓借钱，这张欠条就叫国债；如果是企业找老百姓借钱，这张欠条就叫企业债。

国家、企业，拿到钱之后，会投入建设，修建工厂、公路。当然，钱不是白借的，是要连本带利偿还的。因此债券的投资者不仅能收回本金，还能赚取利息。由此，债券包含了以下三层含义。

- 债券的发行人（政府、金融机构、企业等）是资金的借入者。
- 债券的投资者是资金的借出者。
- 发行人（借入者）需要在一定时期还本付息。

按不同的发行主体划分，债券主要分为三类。

政府债券

政府债券是政府为筹集资金而发行的债券，包括国债、地方政府债券等，其中最主要的是国债。国债因其信誉好、利率优、风险小而又被称为金边债券。

向个人发行的国债利率基本上根据银行利率制定，一般比银行同期存款利率高 1~2 个百分点。

金融债券

金融债券是由银行和非银行金融机构发行的债券。我国金融债券主要由国家开发银行、进出口银行等政策性银行发行。金融机构一般有雄厚的资金实力，信用度较高，因此金融债券往往有良好的信誉。

公司（企业）债券

在国外，没有企业债和公司债的划分，统称为公司债。在我国，企业债券的发债主体为中央政府部门所属机构、国有独资企业或国有控股企业，因此，它在很大程度上体现了政府信用。公司债券的发行主体为上市公司，其信用保障是发债公司的资产质量、经营状况、盈利水平和持续赢利能力等，风险较高。

债券的收益

一般来说，债券的收益可以分成两个部分，即票息收益和价差收益。

票息收益是投资债券获利的主要渠道。由于存在经济周期和货币政策周期，即使是同一个企业，不同时期发行债券的票息也会有所不同。在银根紧张，货币政策收紧时，债券的票息会比较高；在银根宽松，货币政策放松时，债券的票息会比较低。因此，在不同时间点投资债券，收益会有高低之别（见图5-3）。

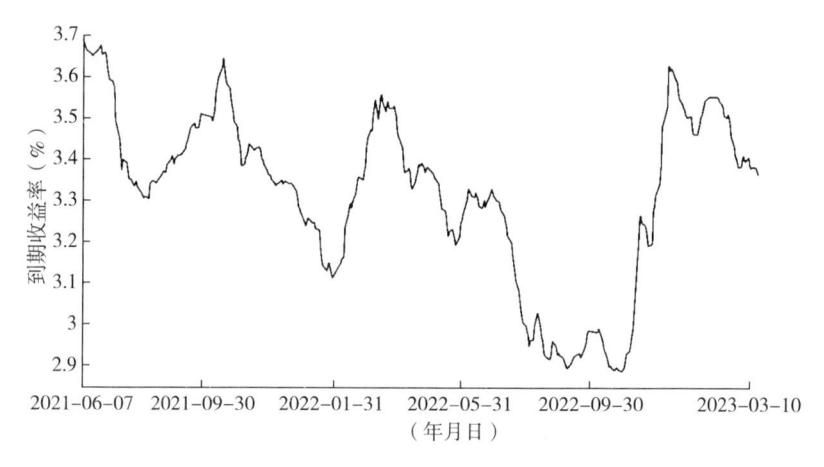

图5-3　5年期AAA债券收益率

资料来源：万得资讯。

投资债券还可以得到价差收益。例如，你在100元时买的债券，之后因为货币宽松、资金泛滥，债券价格可能会涨到100元以上，如101元，这时你除了获得票息，还可以额外获得1元的价差。当然，反过来，如果货币紧张、出现了"资金荒"，你之前在 100 元时买的债券，也有可能跌到 100 元以下，如 99 元，这时你就会有 1 元的资本损失。

正是因为有货币周期的存在，债券价格出现了波动，投资者短期的收益也会上下起伏，甚至亏损，但拉长时间看，投资债券的主要获利源泉是票息，所以债券投资者可以无视短期市场波动，长期看会取得良好收益。让我们看下中债企业债指数过去 10 年的走势（见图 5-4）。

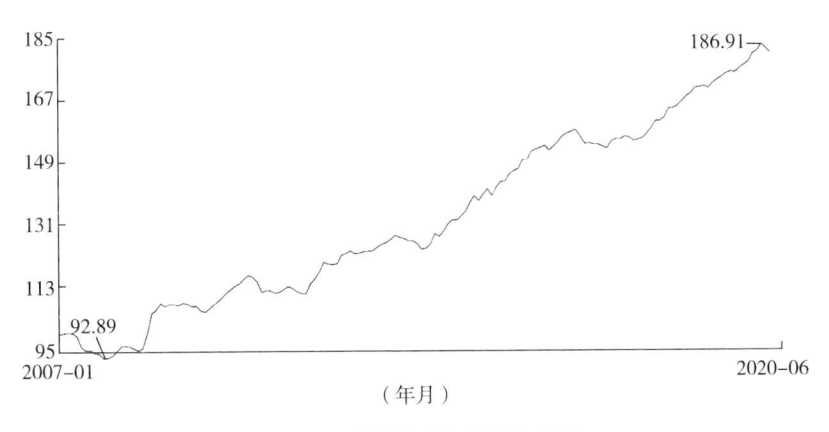

图 5-4　中债企业债券指数走势

资料来源：万得资讯。

为什么债券指数长期向上呢？因为投资债券可以获得较为稳定的票息收益，虽然有货币政策周期的干扰，收益存在一定的波动，但只要债券不违约，长期持有，投资者总归是可以收到债券本金和票息的。可以说这是债券与股票最大的不同了，股票跌起来你可能心慌，但债券无论中途怎么跌，只要不违约，它最终会以 100 元的价格，连带着票息，兑付给你。

所以，你会看到，债券指数是长期向上的，因为投资者可以持续收到利息。对于债券，短期如果大幅下跌，反而有可能是个机会。

债券的风险

任何资产都有风险，债券也不例外。债券主要有以下三大风险。

利率风险

债券的价格与市场利率负相关，即市场利率上升时，债券价格跌；市场利率下降时，债券价格涨。比如，国外许多市场最近十几年利率一直下调，甚至调到零利率和负利率水平，这些国家的国债价格就涨多跌少。但如果市场利率上升，债券价格就会下跌。中国未来的利率大概率也会长期走低，因此债券或许会走出长期慢牛。

信用风险

如果欠钱的人突然说："我不还钱了。"这就是信用风险。

一般来说，国债代表主权信用，基本是没有信用风险的。但公司债券则不一定，某些公司因为市场竞争、行业恶化、技术路线偏离、产品没有销路、连年亏损等诸多因素有可能还不起钱。这时就会发生债券违约。

债券违约后，债权人可以向法院起诉破产重整，要求公司变卖资产还钱，能够减少一些损失。

流动性风险

债券不像股票，债券的流动性很差。如果债券基金遭遇大幅赎回，基金经理要在短时间内变卖债券，可能会有一定的价格折让，这就是流动性风险。

对于债券，我们既要看到它波动小、收益稳定的优点，也要注意可能存在的风险。

什么是债券基金

什么是债券基金

顾名思义,债券基金就是投资债券的基金,其长期收益比较稳定,波动较小。因为债券基金底层资产主要是债券,所以其收益取决于债券的收益,也就是债券的票息和价差。

从长期来看,当前债券的票息确实不高,处于历史低位水平,因此,我们要适当放低收益预期。从货币周期来看,当前全球经济形势复杂严峻,各国经济都受到重创,在这种情况下,大幅收紧货币政策的概率是很低的。因此,货币政策大概率还会保持宽松,对债券市场是比较友好的。

从上面的分析可以看出,未来一段时间,债券基金的收益不算太高,因为债券天然可以获取稳定的票息,长期配置债券基金是可以获得正收益的。但当前这个时点,债券的性价比已经没有之前那么高了,投资者要大幅降低收益预期。同时,要做好中途可能会波动的心理准备。

对于比较保守的人,可以买入中短期债券基金,波动比较小,收益率略高于货币;如果比较激进,可以适度配置一些二级市场债券基金,通过权益市场增加收益,但波动会比较大。

如何选择债券基金

如果能挑到优秀的债券基金,长期收益是非常吸引人的。

要挑到靠谱的债券基金,至少要关注以下三点。

投资团队

首先,与股票投资依赖明星基金经理不同,债券投资非常依赖团队。因此,买债券基金首选管理债券规模大的基金公司。其次,选择投资风格稳健的债券团队。炒股可能风格激进的能赚钱,但债券投资以持久稳健取胜。因此,要排除那些风格激进的债券经理。

债券基金规模不宜过小

债券的配置要足够分散,才能降低黑天鹅事件带来的冲击。最好选择规模在20亿元以上的债券基金。

表5-1是债券管理规模前30的基金公司,供参考。

表5-1 债券管理规模前30名的基金公司

基金公司	债券型基金资产净值合计(亿元)	债券型基金份额合计(亿份)
博时基金管理有限公司	2 292.28	2 131.79
中银基金管理有限公司	2 183.31	2 068.33
易方达基金管理有限公司	1 972.50	1 587.10
招商基金管理有限公司	1 805.69	1 676.19
工银瑞信基金管理有限公司	1 511.43	1 348.59
南方基金管理股份有限公司	1 488.20	1 357.99
广发基金管理有限公司	1 439.23	1 340.27
平安基金管理有限公司	1 261.37	1 152.10
鹏华基金管理有限公司	1 246.42	1 115.37
汇添富基金管理股份有限公司	1 242.88	1 123.91
农银汇理基金管理有限公司	1 242.21	1 149.01
建信基金管理有限责任公司	1 116.50	1 066.67
永赢基金管理有限公司	1 088.89	1 060.30
兴业基金管理有限公司	1 059.83	1 026.36

（续表）

基金公司	债券型基金资产净值合计（亿元）	债券型基金份额合计（亿份）
富国基金管理有限公司	1 035.46	931.80
国寿安保基金管理有限公司	1 017.43	987.81
中银国际证券股份有限公司	1 007.70	964.41
华夏基金管理有限公司	952.65	878.97
浦银安盛基金管理有限公司	922.85	901.63
嘉实基金管理有限公司	901.71	875.39
民生加银基金管理有限公司	864.41	815.46
中加基金管理有限公司	852.22	828.67
银华基金管理股份有限公司	797.45	752.32
中欧基金管理有限公司	696.04	644.44
天弘基金管理有限公司	683.17	660.17
交银施罗德基金管理有限公司	647.55	611.82
中信保诚基金管理有限公司	629.91	620.67
华安基金管理有限公司	626.30	604.54
中融基金管理有限公司	591.22	573.24
国泰基金管理有限公司	537.62	513.41

注：时间截至 2023 年 1 月 13 日。

资料来源：万得资讯。

另外，可以查看投资者结构。如果一个债券基金的持有者大部分是机构，风险相对小一点，因为机构买债券基金一般要做尽职调查，能帮你排除一些陷阱。但如果机构持有比例过多，则可能是个定制基金，这时要具体基金具体分析。

知道债券基金的种类

债券基金分为纯债券（只买债券）、二级市场债券（最多可买 20% 的股票）、可转换债券等。

如果买的是二级市场债券，其实更应该关心股市，而非债券。

因为股市的波动比债券大得多，对基金的影响更大。

因为债券比较专业，普通投资者最好不要买单只债券基金，更好的选择是由专业的机构/主理人帮我们去挑选基金、配置资产，这样才能更省心地投资。

什么是"固收+"

这几年"固收+"的概念非常火热，主要是因为理财产品的净值化，保本保息的年代已经过去了，需要投资者去拥抱变化。而"固收+"产品既有波动小的特点，又有追求更高收益的预期，所以成为大众投资者所关注的热点。

什么是"固收+"

简单从字面上理解的话，"固收+"是由"固收"和"+"两个部分组合而成的。

"固收"部分通常配置的是风险低、收益相对稳定的优质债券类资产，它的主要任务是降低风险、稳定收益，是"固收+"产品的主力军。而"+"是为了在债券资产的基础上增强收益，所以只要是能增加收益且符合监管条件的策略，都可以在考虑范围之内。"+"的部分通常包括了股票投资、打新（股票和可转换债券）、股指期货、国债期货、可转换债券、量化、套利等。

打个比方，一杯原汁原味的黑咖啡就好比是"固收"，可以满足消费者的基础需求；在此之上往咖啡里加奶、加糖、加冰等，呈现不一样的风味，满足消费者的不同需求，便可以理解为"+"的部分。

总的来说，"固收+"是一种投资策略，这个策略是把大部分

（如80%）资产，用来投资债券，以求获得相对稳定的收益。同时，再配置一小部分（如20%）风险较高的资产，来博取更高的收益。

"固收+"的目标是获取稳健的正收益，但这并非保证。

"固收+"是怎么加的

要想保持收益相对稳定，"固收+"产品都是债券基金打底，再加一些其他投资标的，如股票、可转换债券、打新等，试图增加收益，举例如下。

1. 固收+可转换债券+20%及以下的股票=二级市场债券基金。二级市场债券基金就是典型的20/80股债组合，80%的债券基底打下了平稳的基调，从历史表现来看，年化收益率大概为4%~7%。但依然会面临2%~4%的亏损风险，尤其是遇上债灾，亏损突破5%也有可能。

2. 固收+可转换债券+40%及以下的股票与打新等=偏债型混合基金。在偏债型混合基金中，债券基金的占比在60%~80%，其余部分，会投资股票、打新甚至股指期货、国债期货等。增加的部分，使整只基金的风险和收益同步提升。

3. 不确定比例×（固收+可转换债券+股票+打新+……）=灵活配置型混合基金。同样成分的一杯"混合基金咖啡"，灵活配置型混合基金不会因配方限制自己的配置比例，在很大程度上，考验着基金经理"调咖啡"的功力。所以挑选灵活配置型混合基金就类似于挑选主动管理型基金。

4. 偏债型基金组合。市面上还有一些以"稳健"为目标的基金组合，打包一篮子基金，也属于"固收+"范畴。这种基金组合的本质逻辑也是资产配置，但涉及的风险和收益，还要具体组合具体分析。

挑选"固收+"基金的关注要点

"固收+"所加上的,除了收益,也有风险,这份风险导致它能够带来的收益不再固定。

风险和收益都是正相关的,想要提高收益,就会有一定的风险,如果选不好,不仅不能出现增加收益的效果,还有可能出现减少收益的效果。

市场上与"固收+"相关的产品有几千只,选择时有几点要关注。

第一,关注风险把控。一只优秀的"固收+"基金,使命是先控风险,再追收益,投资过程中对组合的风险控制能力会有更多的考量。

第二,关注投资团队的债券管理实力。债券资产是整个"固收+"产品的基础,如果连基础都没有把握好,又如何能积极捕捉更多收益呢?

第三,关注投资团队的资产配置能力和选股能力。"固收+"的"+"是增加收益的主要环节。优秀的资产配置能力和选股能力可以为"固收+"产品增添光彩。"固收+"不是简单的股债投资相叠加,而是需要进行灵活且恰到好处的资产配置,根据市场行情对投资组合进行动态调整,因而更有机会给投资者带来良好的持有体验。

"固收+"产品,对风险承受能力较低的投资者来说,确实是一个不错的选择。在本金安全的前提下,可以帮投资者获取更高的收益。但由于"固收+"的"+"配置了一小部分风险较高的资产，短期内可能会有一定波动。

所以，投资"固收+"产品最好用长一点的时间来投，把期限拉长，优秀的"固收+"组合大概率可以获得超越货币基金和银行理财的长期回报。

什么是可转换债券

可转换债券是债券中的一个特殊品种，严格来说并不能算是适合稳健理财的产品。在国内市场，可转换债券是指由上市公司发行的，可以转换为股票的特殊债券，可转换债券兼具债券和股票的特性。我们以中信转债为例来介绍。

可转换债券是债券

可转换债券的本质是债券，期限最短为 1 年，最长为 6 年，票息逐年递增，每张可转换债券票面都是 100 元。

中信转债的发行人为中信银行，起息日为 2019 年 3 月 4 日，到期日为 2025 年 3 月 4 日。期限 6 年，每年的票面利息依次为 0.3%、0.8%、1.5%、2.3%、3.2%、11%（包含 4% 的利息和 7% 的补偿利息）。

持有可转换债券的投资者，在持有期间可以获得利息，在债券到期日时，如果投资者没有转股，发行人要兑付本金和利息。所以，如果在 100 元以下买入可转换债券，只要发行人不违约，到期时至少可以获得 100 元的本金和 3~10 元不等的利息（取决于债券条款）。A 股历史上，尚没有出现过可转换债券违约的情况，当然，不排除未来会有。保守的投资者可以将投资的债券评级限定为 AA 级以上，基本能规避可转换债券违约的可能性了。

例如，我们在 110 元以下买入中信转债，即使持有到期，也可以获得 111 元的兑付本息，加上持有期间的利息，可以说是只输时间不输钱，安全性很高。

可转换债券可以转为股票

可转换债券的精髓在于它可以转为股票。在起息日后满 6 个月时，可转换债券的投资者可以随时按照一个既定的价格去转股，这个价格我们称之为转股价，转股价是可转换债券的一个重要因素，在发行之日起就已经确定好了，若公司进行了分红、增发、送股等，转股价会相应调整。

中信转债当前的转股价为 7.22 元，一张可转换债券票面为 100 元，那么，每张债券可转为 100÷7.22=13.85 股的中信银行股票。按照当前中信银行 5 元的股价，转股后的价值为 13.85×5=69.25 元。100 元票面的债券，转为股票后价值不到 70 元，显然是不划算的。这时，转股的权利不太值钱，但如果未来中信银行的股价涨到 10 元，甚至更高，那这个转股的权利就会很值钱了。

假设 3 年后中信银行股价涨到 10 元，一张可转换债券转股后的价值为 13.85×10=138.5 元。当前以 106 元买入中信转债，3 年后以 138.5 元的价值转股退出，累计收益率超过 30%，年化收益率约 9.3%。

可转换债券的利器：下修转股价

接着上面的例子，如果中信银行的股价持续萎靡，一直在 7 元以下徘徊，那岂不是可转换债券的投资者只能持有到期，吃个利息？其实不一定，可转换债券的转股价还可以下修。

转股价是个关键变量，它直接影响投资者以多少价格去转股。很明显，对投资者来说，转股价越低越好，因为同样面值的可转换债券，可以转为更多的股票。但对公司和大股东来说，则希望转股价越高越好，因为转股价越低，稀释的股本也越多。这样双方就会产生一种博弈，当博弈的天平倒向投资者这边，公司就会下修转股价。

假设中信银行未来股价持续萎靡，一直在 7 元附近，但公司决定下修转股价到 5 元。此时，一张可转换债券可转为 $100 \div 5 = 20$ 股的中信银行股票，转股后的价值为 $20 \times 7 = 140$ 元，一样可以获利。

下修转股价是可转换债券的投资利器，即使在熊市股价大幅下跌的环境下一样可能赚钱。那么问题来了，公司会不会下修转股价呢？

下修转股价的规则

下修转股价有两种情形：一种是公司出现分红、配股、增发等常规性下修转股价。这里我们不做过多分析，因为影响很小。另一种是股价下跌到一定程度，公司有权利进行下修，我们称之为"特别向下修正条款"，这是可转换债券的重要条款之一，在发行之初就确定好了。

中信转债的下修条款是，当发行人 A 股股票在任意连续 30 个交易日中，有 15 个交易日，收盘价低于转股价的 80%，就会触发下修条款。此时，公司董事会有权利提交具体的下修方案并提交股东会审议，如果股东大会通过，那转股价就下修成功了。这里，要注意"有权利"这三个字，这是公司的权利，不是义务，公司也可以不下修转股价。

截至本书撰写时，中信转债的转股价为 7.22 元，但中信银行的股价已经在 5 元（低于 7.22×0.8＝5.77 元）附近徘徊很久了，理论上，公司随时有权提出下修方案。

回售机制

问题又来了，如果达到下修条件，但公司就是不下修，那投资者岂不是干着急。为了保护投资者利益，有些可转换债券条款中还有一个回售条款。

这里以顺丰转债的回售条款为例：在可转换债券最后两个年度，连续 30 个交易日收盘价低于转股价 70% 时，投资者有权将可转换债券连带当期利息回售给公司。也就是说，投资者可以以 100 元的本金加上当年应付利息，卖给公司，相当于可转换债券提前到期了。

在熊市中，若公司股价大幅下跌，转股的可能性不大。如果有回售规则的存在，就允许投资者以 100 元的价格变现退出。如果公司不想掏钱回售，那么它就必须下修转股价了，而下修转股价对投资者是个大利好。可以说，回售条款会大大促使公司下修转股价。

虽然绝大部分可转换债券都有类似于顺丰转债这样的回售条款，但也有少数可转换债券（如中信转债）没有，要具体情况具体分析。

强赎机制

一般来说，上市公司发行可转换债券，是希望投资者转股的，因为转股不需要上市公司掏钱，只用给投资者股票，而到期兑付是需要上市公司还本付息的。为此，可转换债券还设有一个赎回条款。中信转债的赎回条款是，在任意连续30个交易日中，有15个交易日收盘价高于转股价的130%，发行人有权按照100元加相应利息，赎回可转换债券。

这个条款的目的是鼓励投资者转股。如果投资者不转股，发行人就会赎回可转换债券，投资者只能获得100元的本金加少许利息。但如果转股，一般可以获得130元以上的转股价值。当公司发出赎回公告，意味着可转换债券的生命进入倒计时，即将退出市场，投资者可以选择到二级市场卖出变现，也可以转股退出，千万不要继续持有，否则会有不少损失。

如何投资可转换债券

可转换债券是一个附加转股权利的债券，因为正股价格波动、转股价可能下修，带来了很多投资机会。当可转换债券接近100元时，体现出债券的特性；当可转换债券接近130元时，体现出股票的特性，不同风险偏好的投资者都可以参与。

但可转换债券由于内嵌回售、赎回等权利，变得十分复杂。特别是可转换债券T+0、无涨跌幅限制的特性，不建议普通投资者轻易参与可转换债券的投机。适合普通投资者的参与方式如下。

- 打新可转换债券。100元申购，中签后上市便可卖出，长期看风险很低，适合风险偏好低的人。
- 买入一篮子低价可转换债券。分散买入几十只110元甚至100元以下的可转换债券，待其涨到130元后卖出，如此反复。为了规避小概率的信用风险，可以考虑只买 AA 评级以上的可转换债券。
- 持有可转换债券基金。注意，由于可转换债券基金对可转换债券有最低仓位限制，在牛市时可转换债券往往会被高估，因此在牛市时要卖出可转换债券基金进行止盈。

第六章　长期投资

长期投资对应的是四笔钱资产配置框架中的长钱部分，这部分是投资收益的主要来源，但由于大部分是投向高波动的权益类资产，所以更需要我们有所理解和认知，这样才能真正实现"长期投资"。这一章主要讲解长期投资的本质、筛选条件以及常见权益类基金的投资方法。

长期投资的投资预期

长期投资有多长

长期投资的理念已经深入人心，应该不用多加赘述，但是这个"长期"是多久呢？可能不同人有不同的评判标准。

有的人会觉得 1 年很长，因为经历了春夏秋冬；有的人会觉得 4 年很长，因为经历了一个完整的库存周期（基钦周期）；有的人会觉得 10 年很长，因为大概率会经历一轮完整的牛熊市。

多长算长这个问题因人而异，但是可以从两大维度去思考。

长期投资是一种投资方法和理念

前面我们讲过以买"资产"的思路去投资，那么只要我们不把这笔钱取出消费，就一直是以不同资产的形式存在，长期投资的期限就应该是终身。

根据几家基金公司发布的《公募权益类基金投资者盈利洞察报告》，截至2020年12月31日，过去15年，主动股票方向基金业绩指数累计涨幅高达1 100.79%，年化收益率为18.02%。这意味着一个普通投资者在15年前持有一只业绩尚可的主动管理基金到2020年年底，也有约11倍的收益，这个收益水平远超各大类资产。

但现实中，鲜有人能达到这个收益率，究其原因主要有以下4点。

- 15年前人均收入很低，就算在那时候买入，本金也比较少，对于后续增量资金占比很低，所以在不断增加投资资金的过程中，就摊薄了收益。
- 15年的长期投资很难，中间经历了2008年大熊市，2015年的"股灾"，只有真正做到"忘记"这笔钱的投资者，才有可能做到持有不动。
- 过去的15年，正好是中国经济发展非常迅猛的时代，投资收益率较其他国家高。
- 当然市场因素也是很重要的，2020年年底恰好是一个阶段性的市场高点。

从表面上来看，买入后长期持有就能获得不错的收益，看似简单，实则要求很高。天时、地利、人和，缺一不可。

- 天时：经济发展向好，企业发展增速快，投资收益率才会提升，也就是我们常说的国运昌盛。
- 地利：资本市场健康发展，引导价值投资和长期投资，对于违法行为从严从重处罚，为市场提供了良好的投资环境。
- 人和：投资者有正确的投资观，不追涨杀跌，不频繁交易。

天时与地利不是我们可以左右的，但是人和可以，通过提高投资认知，减少市场噪声，选择优质企业，做到心中有数，才能长期投资。

长期投资需要舒服的投资状态

在具体的操作层面，想要长期投资，就一定要让自己在一个舒服的投资状态中。如何让自己投资更舒服，这里有4点建议。

第一，保障稳定的现金流。每个月源源不断的工资收入或者副业收入，可以大大增加我们的投资信心，现金流就如同我们的"弹药库"，只要弹药库能持续不断地补充，我们就不会害怕打硬仗。不要轻易尝试全职投资，投资这件事很难，全职投资和兼职投资的心态完全不同。兼职状态下，每个月都有新增资金补充，即使遇到大跌，成本也能越来越低。全职投资则需要每月从账户中取资金使用，遇到大跌，浮亏就会变成实际亏损，此时的心态很容易失衡，导致更多不理性的操作。

第二，对资金做好规划。不要用短期的资金投资高风险资产。投资股票类资产的资金，原则上应该是3年以上不用的闲钱。如果投资时间少于 3 年，则建议投资其他低风险的品种。

第三，建立自己的投资逻辑。知道自己为什么买，为什么卖。例如因为看好某位基金经理而买入其管理的基金，那么一旦该基金更换基金经理，之前买入的逻辑就被打破，可以选择卖出基金。或者因为逢低买入，一旦资产回归估值，就可以卖出。有自己的投资逻辑，才能更好地管理资产，不断优化和调整，让自己的投资有效性更高。当然，建立自己的投资逻辑是一件非常困难的事，也可以选择自己信任的投顾机构或人员来帮助自己管理资产。

第四，动态止盈，提高成就感。长期投资并不是一直不卖，这点一定要注意。市场先生总是在"高估"和"低估"中不断切换，比如 2008 年的 6 000 点和 2015 年 5 000 点，那时明显估值偏高，可以趁机止盈，在落袋为安的同时，提高投资获得感。

一旦真正从市场上赚到钱，才能有信心在市场中长久生存下来。投资这件事，可以持续终身。获取更多的现金流，并做好资金规划，建立自己的投资逻辑，不断验证，在正反馈中实现投资的价值。这是一条不太困难，但是比较有效的道路。虽然不一定能让我们实现暴富，但是可以实现资产保值增值。

长期投资的目标收益率如何设定

我们投资之前都会在心里设定一个目标收益率。到底设置多少合适呢？可能很多人没有探究过。

投资大师的收益率

- 沃伦·巴菲特：价值投资大师，被誉为世界级"股神"，55 年的复合年化收益率为 20%。

- 本杰明·格雷厄姆：巴菲特的启蒙恩师，30年的平均年化收益率为20%。
- 彼得·林奇：传奇基金经理，13年的平均年化收益率为29%。
- 爱德华·索普：量化投资之父，中性策略的开创者，20年的复合年化收益率为19.1%。

可以看到世界级投资大师的年化收益率都在20%左右，而且获得这样的收益率还有很强的时代背景。就如同巴菲特所说的："我是1930年出生的，当时我能出生在美国的概率只有2%，我在母亲子宫里孕育的那一刻，就像中了彩票，如果不是出生在美国而是出生在其他国家，我的生命将完全不同！"

很多投资大师都是在大的时代背景加持下才获得可观的收益率，然而在现实中，很多普通投资者对于20%的收益率不屑一顾，觉得每年拿到两个"涨停板"是轻轻松松的事情。

专业投资者的收益率

笔者统计了市场上股票型、偏股混合型，管理时间超过1年的基金经理的业绩表现。管理时间为1~5年的基金经理取得的年化收益率平均超过20%（主要受当时市场风格的影响），而10年以上的年化收益率平均仅为11%。进一步观察可以发现10年以上老将的年化收益率集中在5%~15%，但是没有一个人的年化收益率超过了25%（见图6-1）。

公募基金经理在国内已经是市场中的佼佼者，他们有着很强的专业知识，也有灵通的消息以及公司的投研资源，长期看下来他们

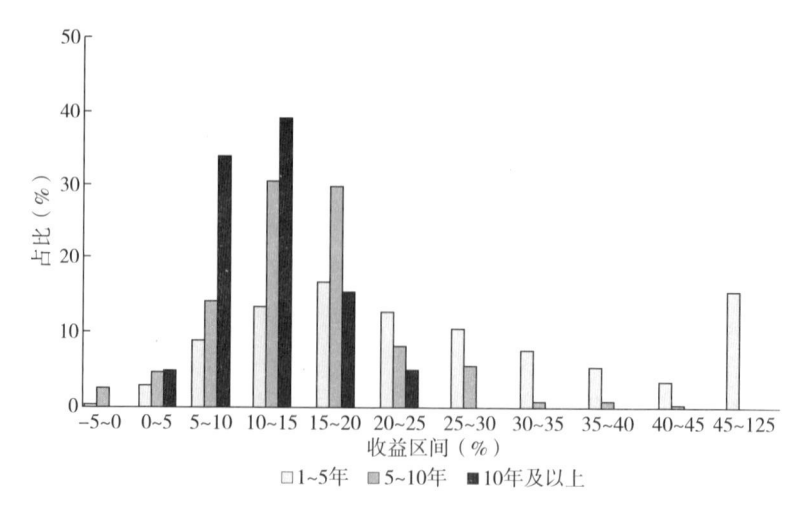

图 6-1 基金经理年化收益率分布

注：数据截至 2020 年。
资料来源：万得资讯。

的收益率也维持在 8%~12%，比世界级投资大师要低一个层级。

从 10 年以上的角度来看，能比公募基金经理取得更高收益率的投资者更是非常稀少，在市场大涨大跌的过程中被淘汰，成为很多投资者的归宿。

设定我们的长期目标收益率

看完前面两个例子，大家对于目标收益率应该有了一定的概念。投资并不是实现一夜暴富的途径，"一年三倍易，三年一倍难"，在长期视角下，获得高收益是非常难的一件事，千万不要产生每年都能大赚一笔的错觉。设定目标收益率的核心是"实事求是"，要客观评价自身的投资能力、经验水平以及宏观经济情况，才能更好地设定目标。

在设定目标前，以下 3 个宏观数据我们一定要做到心中有数。

- 消费者物价指数（CPI）：CPI 是衡量全年居民常用消费品价格涨跌情况的指数，比如 2021 年 CPI 同比增长 0.9%，代表 2021 年居民日常必需品的价格比 2020 年涨了 0.9%，如果你的投资收益能跑赢 CPI，相当于投资让你的资产实现了保值。
- 国内生产总值（GDP）：GDP 是衡量一个国家和地区经济状况与发展水平的指标，2022 年 1 月国家统计局发布数据，根据初步测算，2021 年中国 GDP 比上年增长 8.1%，两年平均增长 5.1%。如果你的投资收益率能比 GDP 增长率高，相当于你的资产增长跑赢了国内平均的经济增长，已经是非常不错的水平了。
- 广义货币供应量（M2）：M2 是指流通于银行体系之外的现金加上企业存款、居民储蓄存款以及其他存款，它包括了一切可能成为现实购买力的货币形式，通常反映的是社会总需求变化和未来通货膨胀的压力状态。2019 年和 2020 年，我国 M2 增速分别为 8.7% 和 10.1%，投资如果能长期跑赢 M2 增速，是非常厉害的一件事了。

为什么要给大家 3 个宏观指标而不是一个具体的投资目标数值呢？因为市场环境在不断变化，以一个固定数值去要求一个永远变动的市场，这一定是不科学的。

如同现在很多人都在说目标收益率要有 15%，要知道在 1990 年之前银行存款的收益率就有 10% 以上，15% 的收益率并不算高。同理，如果未来经济面临下行压力，货币政策继续宽松，15% 的目标收益率又显得太高了。

第六章　长期投资

因此，我们的目标随着动态的宏观经济数据来不断调整才是最优的方案。如果未来经济上行，宏观经济数据都很好，那我们就调高目标，反之就调低，每年去复盘自己的收益和目标之间的差距，并不断调整，才能在投资这条路上走得又快又稳。

寻找长期投资收益率高的资产

● 股票投资及长期收益率分析

投资这件事本身就具有较大的不确定性，为了寻找不确定性中的确定性，市场衍生出很多投资流派，诸如技术分析派、基本面分析派，等等。即便如此，我国股市依旧存在"七亏两平一赚"的情况，造成这个情况的因素有很多，主要还是由于中国资本市场发展时间尚短。

从1990年开始算起，我国股市也仅有30多年的历史，而国外一些发达市场已经有两个多世纪的发展历程，无论是法律法规，还是投资者的专业度都存在一定的差距。不过，目前我国已经发展成为全球第二大股票交易市场，仅次于美国。

我国很多投资者热衷于"炒短"，希望通过短期投资实现一夜暴富。纵观全球投资市场，真正的投资大师，很少是通过反复短期炒作实现资产大幅增值的。巴菲特的老师，格雷厄姆是"捡烟蒂"投资的发明人，通过买入大幅跌破公司净资产的企业，并对其进行改组，从而获得收益。但是在晚年，格雷厄姆不再从市场中寻找"烟蒂股"，而是转向价值投资，通过寻找未来具有发展潜力的公司以获取长期回报。这是因为市场越来越成熟，"市场先生"犯错的次数越来越少,捡便宜的机会不容易出现,而通过买入优质公司伴随其成长的方式,有效性非常高。自此格雷厄姆确立了价值投资理念的 4 个基本原则:买股票就是买公司、安全边际、市场先生、能力圈。

在价值投资理念兴起的基础上,美国市场也迎来了快速发展和长期牛市的格局,股票投资成为主流的投资方式。股票投资的优势有很多,主要有以下两点。

长期收益率较高

表 6-1 和图 6-2 统计了美国股票、债券、短期国债、黄金以及美元在 1802—2012 年的年化收益率情况。

表 6-1 1802—2012 年美国不同资产的年化收益率

资产类别	年化收益率(%)
股票	6.6
债券	3.6
短期国债	2.7
黄金	0.7
美元	-1.4

在这个时间段内,美国经历了一战、二战,也经历了工业革命,有经济大萧条时期也有经济大爆发时期,这 200 多年几乎包含了所有可以想象到的突发情况。

从表 6-1 和图 6-2 中可以看出,股票是 200 多年间收益最高的,平均年化收益率达到 6.6%,这是剔除了通货膨胀后的真实收益率。最初的 1 美元,如果投资股票并进行红利再投资的复利滚动,最终可以获得 704 997 美元,投资债券只能获得 1 778 美

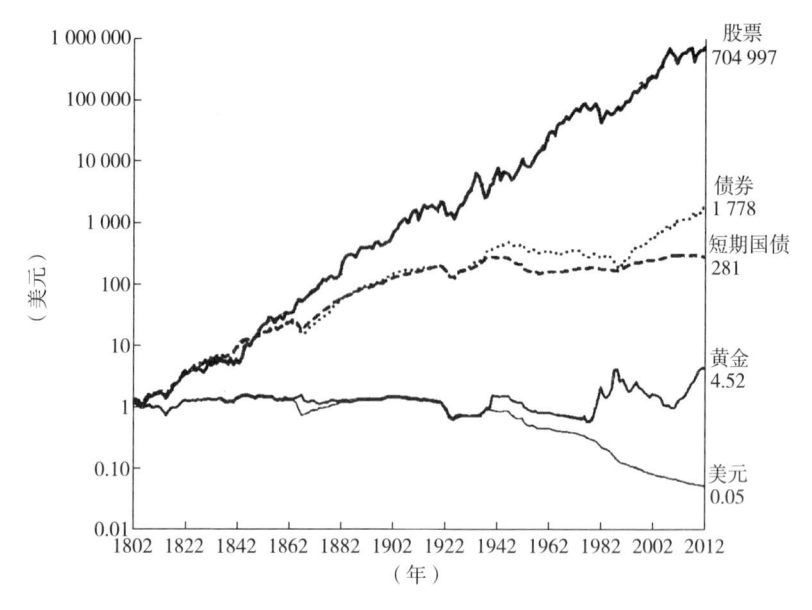

图 6-2 美国不同资产的历史收益率情况

资料来源：杰里米·西格尔. 股市长线法宝 [M]. 马海涌, 王凡一, 魏光蕊, 译. 北京：机械工业出版社，2018。

元，短期国债获得 281 美元，黄金获得 4.52 美元，而持有现金则会贬值为 0.05 美元。

由此可见，在长期视角下，投资股票的收益率是最高的，如果没有配置股票，那么几乎跑不赢通货膨胀。然而股票的波动率在所有资产中也是比较高的，在市场起起伏伏的波动中，也造成大量投资者亏损。

股市是国家经济发展的缩影

股票的背后都是一家家上市公司，这些公司发行股票的本质是出让一部分公司股权，通过募集资金实现生产经营的扩大化，或者补充流动资金应对未来风险。所以股票的本质是投资者和上市公司风险共担，利益共享。

在这个背景下，股市好坏和宏观经济联系紧密，经过工业革命，全球经济都进入了迅猛发展期。

全球 GDP 总值从 1960 年的 13 902 亿美元增长至 2020 年的 847 469 亿美元（见图 6-3），这期间主要经济体的股市也实现了较大幅度的增长。

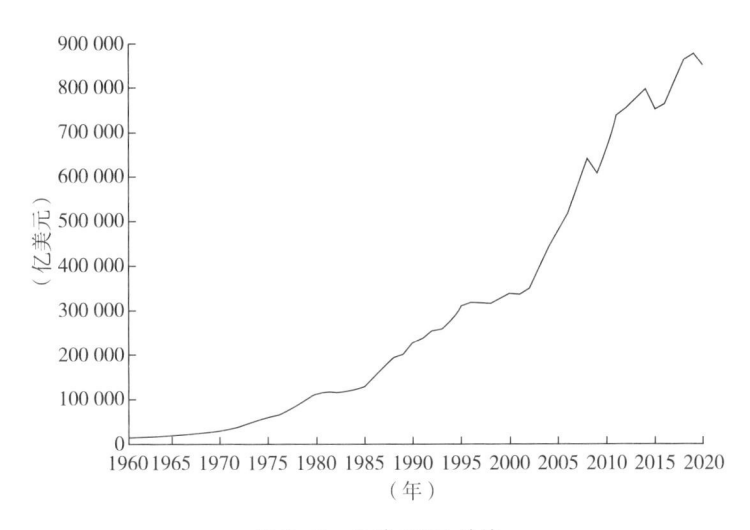

图 6-3　全球 GDP 总值

资料来源：万得资讯。

中国股市的涨幅也不低。我们以沪深 300 指数为例，2004 年 12 月 31 日沪深 300 指数正式发布，起始点为 1 000 点，截至 2021 年 12 月 31 日收盘为 4 940.37 点，17 年间涨幅接近 500%。同期标准普尔 500 指数从 1 211.92 点涨至 4 766.18 点，跑输沪深 300 指数。这也印证了这近 20 年间中国经济增速超过美国的事实。

中国的上市条件更为苛刻，可以上市的公司都是在行业中相对优质的或者有较大发展前景的，持有它们的股票，才能让资产随着经济发展不断增值。如果担心买到差公司，可以多配置宽基指数，比如沪深 300 指数，就是选取沪深两市中规模大、流通性强的 300 家公司组成的指数。成分股基本都是行业龙头，而且也会被不断调整优化，所以长期投资可以享受优质公司不断发展带来的红利。

以上两点就决定了，在资产配置中，股票类资产最好要占有一席之地，即使波动比较大，也可以通过调整持有的股债的比例，或做定投等方式使收益平滑。如果不持有优质股票，那么未来个人以及家庭财富也将面临较大贬值风险。

资本市场投资获利的途径和逻辑

我们已经知道股市是长期视角下收益最高的大类资产，但是想要从资本市场中赚到钱实际非常困难，否则就不会有"七亏两平一赚"的说法了。

想要赚钱，第一步是要知道收益的来源以及逻辑，这样才能赚安心钱、赚认知钱。在资本市场中取得的收益，主要分为两大部分，即红利收入和资本利得。

红利收入是长期投资的一大保障

我们买入一家公司的股票，就成为这家公司的股东，在享受公司成长带来收益的同时也会承担相应的风险。公司经营得越好，我们获得的收益就越大，其中就离不开"分红"。

很多人会觉得分红没有用，因为分红后是要除息的。比如你以每股 10 元的股价买入 10 万股 A 股票，市值是 100 万元，这时候 A 股票分红 10%，也就是每股分红 1 元。在分红当天，股价就会除息 1 元，你的持仓就从 100 万元市值变成 90 万元市值与 10

万元现金。

如果你把这分红的 10 万元再次买成 A 股票，就是用红利再投资。乍一看，可能会觉得自己持有的资产价值并没有变，但是从长期来看一切就会变得不一样。以格力电器为例，截至 2021 年，公司上市分红 898.55 亿元，从市场上融资 51.52 亿元，分红融资比是 1 744%，分红金额远超从市场融资的金额。如果你在格力电器 1996 年上市的时候以开盘价 17.5 元买入 1 000 股，花费 17 500元，现在值多少钱呢？

截至 2022 年 6 月 19 日，格力电器 8 次转增股本，1 000 股变成 60 750 股，按照收盘价 32.65 元计算，市值约 1 983 487 万元。累计分红 27 次，累计获得分红约 966 567 元。总计为 1 983 487 + 966 567 = 2 950 054 元，相比投入的 17 500 元，增长了约 167 倍。

26 年的持股时间，167 倍的投资收益，这个比例相当高了，而这背后也有大量的因素促成这样的收益。

- 中国从 1996 年至今经济快速腾飞，GDP 从 8 600 亿元，增长到 2022 年的 114 万亿元，增长了约 132 倍。
- 中国空调行业快速崛起，内需增长和外延扩张并重。
- 格力自身稳健经营，空调家电品质过硬，在内外夹击下，逐步成长为世界家电行业的龙头企业。
- 中国资本市场的迅速发展，支持了实体经济的发展。

无论是宏观因素，还是微观因素，全部叠加在一起才造就了这样的收益率。

投资者给企业提供融资支持，企业分红回报投资者，这才是最为良性的投资方式。如果我们选不好企业以享受分红，也可以选择红利基金，相当于买入一篮子高分红企业。

资本利得并不稳定

资本利得简单理解就是我们高卖低买获得的价格差，很多人喜欢通过短线交易获利，毕竟一个涨停板就有10%或20%的收益率，远比持有一家分红率为2%的企业5年来得快。

短线交易虽然赚钱很快，亏钱同样很快，在资本市场中盈亏同源是永恒不变的真理。而且无论你是赚还是亏，都会产生手续费等成本，光是印花税就有0.5‰（时间截至2023年9月），一年交易10次就是0.5%，所以想要做好短线交易，一定要有较高的成功率。

目前市场上存在很多技术分析流派，都说自己的成功率很高，但是真正在市场中活下去的少之又少。每天都会有涨停的股票、大涨的板块，互联网上时不时还会出现天天赚钱的"股神"。很多人都经不住诱惑，从一开始定下的长期持有变成追涨杀跌。等真正经历一轮牛熊后，发现还不如一直持有赚得多。

希望大家可以建立自己的投资观和投资逻辑，如果是看重长期收益就去买入好公司股票并长期持有，如果想通过资本利得获取短线收益，就不要因为被套而被迫开始"长期投资"。

市场的周期理论

我们知道了资本市场收益的来源，也知道了长期视角下股票收益在大类资产中是比较高的，接下来就要了解市场的周期性。

投资时，我们期望的收益曲线是线性的，最好能沿着一条直线一直上涨,但在实际中我们的收益曲线是非线性的,会不断波动(见图6-4)。

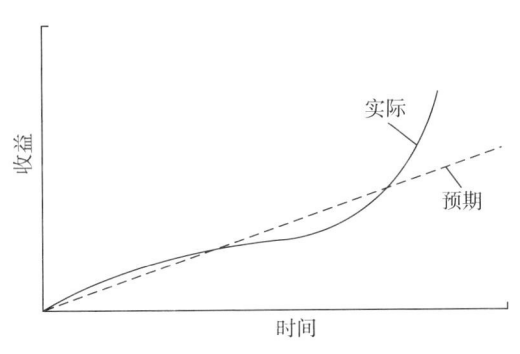

图6-4 预期与实际的收益曲线

收益涨跌的背后有着许许多多的因素,但是这些因素都离不开"周期"这两个字。"万物皆周期",在经济上行周期,全社会综合收入提升,就业率上升,工资提高,带动企业的盈利能力上升,反映到股价上,就会抬升股价。这时无论是生活还是投资都会比较顺利,获利的概率大大增加。但在经济下行周期,货币收缩,失业率提升,工资涨幅放缓,企业紧缩性经营,股价承压,资产出现减值的概率也随之增加。

唐朝诗人罗隐在《筹笔驿》中写道:"时来天地皆同力,运去英雄不自由。"其中颇有一丝周期的意味。

以下为大家介绍几个常见的周期,并说明其对投资的影响。

经济周期——美林时钟

各国央行都希望本国经济能平稳发展,所以在经济出现下行的时候降息,经济过热的时候加息,通过人为手段降低市场波动,也就是我们常说的"宏观调控"。

美林证券对美国30多年的历史经济数据进行研究，提出了美林时钟理论，将经济周期分为4个阶段，分别是衰退、复苏、过热和滞胀，而4个阶段分别对应4种不同的投资产品（见图6-5）。我们在做投资的时候就可以根据周期来进行大类资产的轮动配置。

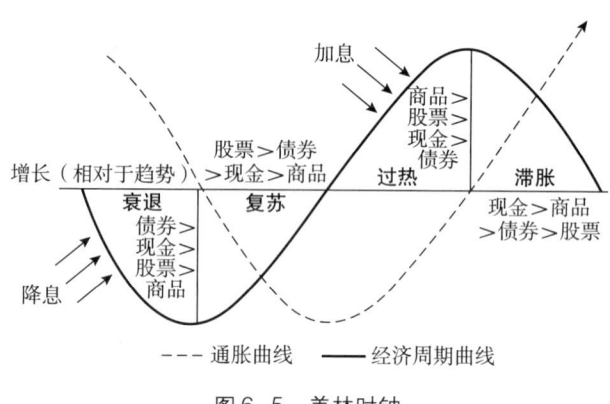

图6-5 美林时钟

美林时钟的成因也非常通俗易懂。

当全球经济下行并处于衰退时，企业盈利能力大幅下降，为了刺激经济和就业，鼓励企业融资，央行就会进行降息。这时货币政策非常宽松，债券表现会比较好，而随着经济"触底"，股票也会开始具有吸引力。

经济在被刺激起来后，就会进入复苏阶段，这时企业融资成本低，开始扩大融资规模，盈利能力大幅改善，股票的弹性最大，成为最具吸引力的投资品。具体到各个资产的表现，在复苏阶段，经济快速发展，企业盈利增加使得股票收益更加具有弹性，一般来讲，股票相对债券和大宗商品更具收益潜力。

随着经济进一步发展，市场开始过热，货币政策就会逐步收紧。为给市场降温，防止恶性通货膨胀的出现，央行开始加息，这时能抵御通货膨胀的大宗商品的性价比更高。

最后，经济先于通货膨胀下行，进入滞胀阶段，央行只能进一步加息，这时持有现金更好，因为其他资产都会出现负面影响。随后经济进入衰退期，周而复始，完成一轮周期。

经济周期的波动可以作为我们大类资产配置的参考指标，在动荡的市场下，寻找性价比高的标的，再结合其他方法，形成更有效的资产配置策略。

情绪周期

在实际投资中，影响我们收益的还有情绪周期。上市公司的股价每天都在变动，有的公司更是出现暴涨暴跌的情况，比如A公司的股价在一周之内涨了50%，能说A公司的利润在一周之内增加了50%吗？肯定是不行的。

影响股价更多的是投资者的情绪，当股价开始下跌时，投资者会猜测公司基本面有不为人知的利空消息，股价进一步下跌则会释放恐惧，大量投资者开始离场，反映在股价上就是加速下跌。上涨也是同理，投资者会猜测公司有不为人知的利好消息，继续上涨则会印证自己的猜测，从而加速买入。

投资者的心理和情绪就如同钟摆一样，大部分时间都处于两个极端，要么是强烈看好买入，要么是强烈看空卖出，很少停留在公允的中心点。从乐观到悲观，从贪婪到恐惧，从高风险偏好到风险厌恶，从价值投资到频繁买卖，投资者的心理和情绪不断变化，这中间可能仅仅是间隔了一个月、一周甚至是一天。

这一点在牛市中展现得淋漓尽致，很多人会把牛市带来的超额收益当成自己的投资能力，开始不满足于牛市带来的50%甚至

100%的收益率,而去追求更高的收益率,不断地加大资金,追涨高位股票,最终牛市转向,财富化为乌有。

真正的投资者,应该是理性的、客观的,基于事实而不是猜测,对于涨跌都有自己的看法和观点,不是人云亦云。甚至在操作上可以逆人性投资,"别人贪婪我恐惧,别人恐惧我贪婪"。在投资中多问自己:为什么会涨?逻辑是什么?能否持续?为什么会跌?理由是什么?有没有机会?多去逆向思考,才能摆脱情绪周期。

其他常见的经济周期

基钦周期

基钦周期是美国经济学家约瑟夫·基钦提出的一种周期理论。他对英国和美国的数据进行分析后,发现库存、物价、就业等数据都是以 40 个月为期限进行周期波动。有别于宏观的经济周期,基钦站在微观角度去观察企业生产和库存的变动,通过库存的变动去预测市场需求的变化,所以基钦周期也被称为库存周期。

以美国生猪库存为例(见图 6-6),我们可以发现基本上生猪库存都是以 4 年为一个周期在不断波动。在养猪企业的经营中也分为以下 4 个部分。

- 主动补库存周期:当猪肉价格上涨,养猪企业有利可图,就会吸引企业扩张增加产能。
- 被动补库存周期:猪有生长周期,在小猪成长的过程中,库存会不断补充,而前期猪肉价格上涨又抑制了需求,导致库存增加,价格开始下跌。
- 主动去库存周期:猪肉价格开始大幅下跌,库存高位,养猪

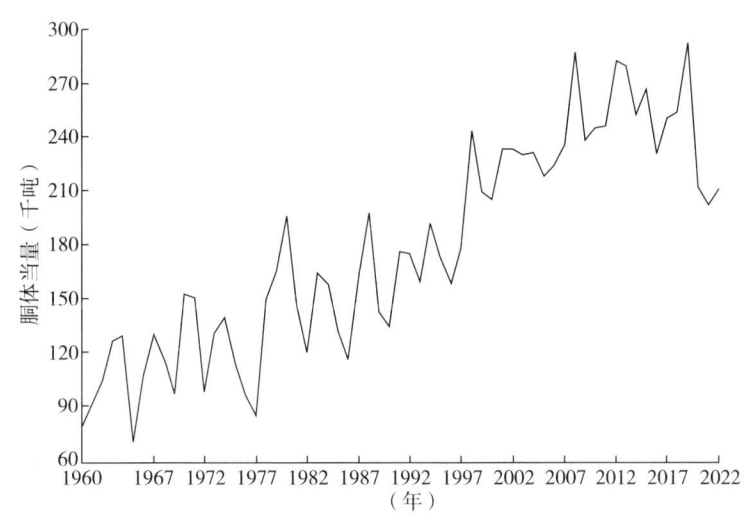

图6-6 美国生猪库存

资料来源：万得资讯。

企业开始亏损，这时候企业开始去库存，杀掉母猪强制止损。
- 被动去库存周期：猪肉供给大幅减少，价格在低位，市场需求开始显著回升，猪肉价格上涨，去库存接近尾声，养猪企业开始酝酿新一轮的补库存。

每一个阶段基本持续时间都是10～12个月，每一轮的库存变动都会引起企业盈利能力的变化，抓住周期机会，可以更好地分析企业投资机会。

基钦周期的应用更适合成熟型行业，经历了充分竞争，市场格局相对稳定，比如养殖、钢铁等行业。因为高速成长的企业会在较长一段时间内都是供不应求的情况，不存在去库存的周期，这点一定要注意。

朱格拉周期

朱格拉周期是为期10年的经济周期，一般认为3个基钦周期组成一个朱格拉周期。在实际应用中，主要是衡量设备更新换代的周期性指标。因为生产机械和设备都有自然使用寿命，每隔一段时间就会产生更新迭代的需求，这个需求的变动远比库存周期要长。

从图 6-7 中可以看到美国设备投资增速几乎是每 10 年一个周期，在工业化时代周期性更为显著，而在信息化社会的今天，周期性在慢慢减弱。

朱格拉周期主要用于制造业的研究，在产业升级中也有很强的指导意义，包括汽车制造、风电组装等领域。

在设备更新迭代中，也会涉及原材料的需求，如铁矿石、燃料、有色金属等，这就会叠加前面的基钦周期，让上游原料行业大幅受益，需求大幅度增加，给企业带来更高的收益。

康波周期

康波周期是经济周期里的长周期，一般为 50~60 年。根据技

图 6-7 美国设备投资同比增速

资料来源：万得资讯、开源证券研究所。

术革新来划分，俄国经济学家康德拉季耶夫发现在过去的几百年中，人类文明的发展以及社会的演变都会以这个时间为节点，6个朱格拉周期组成一个康波周期。

18世纪60年代第一次工业革命使人类进入了蒸汽时代，带动全球经济进入了大繁荣期。但繁荣过后是衰退，加上战争的影响，进入了萧条期。随后，第二次工业革命使人类进入了电气时代，又激发了新的一轮繁荣周期（见表6-2）。

表6-2 康波周期划分

复苏	繁荣	衰退	萧条
	1782—1802年（20年）	1815—1825年（10年）（战争1802—1815年）	1825—1836年（11年）
1836—1845年（9年）	1845—1866年（21年）	1866—1873年（7年）	1873—1883年（10年）
1883—1892年（9年）	1892—1913年（21年）	1920—1929年（9年）（战争1913—1920年）	1929—1937年（8年）
1937—1948年（11年）	1948—1966年（18年）	1966—1973年（7年）	1973—1982年（9年）
1982—1991年（9年）	1991—2004年（13年）	2004—？	？

资料来源：1973年以前的划分参见雅各布·范杜因《创新随时间的波动》。1973年以后为陈漓高、齐俊妍所划分，参见陈漓高、齐俊妍《信息技术的外溢与第五轮经济长波的发展趋势》。第五波长波为周金涛划分。

康波周期用更长的维度来洞察时代的发展规律，在大繁荣中酝酿着衰退，在大萧条中酝酿着复苏。如果一生中能抓住一次复苏和繁荣期，那么对于财富的增值将起到关键作用。

研究周期的主要目的是建立波动的思维，上涨是风险的积累，下跌是机会的增加，通过长短周期的搭配，在萧条期和复苏期积累筹码，在繁荣期落袋为安。结合不同大类资产之间的轮动转换，让收益跑赢市场的平均水平。

思维框架是我们投资的基础，而具体投资产品的研究只不过是锦上添花，如果框架和逻辑都很混乱，那么对单个产品研究得再精也很难获得很好的投资回报。

长期投资的品种选择

权益类基金的分类和特征

本部分会详细讲述权益类基金的分类和特征，帮助大家更好地认识这一投资品种。

权益类基金是对投资权益品种占比高的基金的一种统称。比如，指数基金99%以上的仓位都是股票，股票基金80%以上的仓位是股票，偏股混合基金一般50%~70%的仓位是股票。

分类特征

按照运作方式的不同，基金可以分为被动管理型基金和主动管理型基金。被动管理型基金就是我们常见的指数基金，选取某一指数的成分股作为投资标的，不主动寻求超越市场的表现，而是尽可能复制指数的表现，受到基金经理的主观影响较小。而主动管理型基金则通过基金经理以及管理团队对个股的研究和综合判断来进行买卖决策，基金走势和基金经理的能力高度相关。

这两种基金其实对应了不同投资理念的投资者，认为专业人士很难跑赢市场的，一般选择被动管理型基金投资；认为专业人士可以跑赢市场的，则选择主动管理型基金投资。

从实践来看，中国股票市场成立以来，主动管理型基金的平均收益更高，能获得一定的超额收益，国外市场则相反。但主动管理型基金也存在基金经理人员变动等问题，这些相对不可控。因此在具体投资时可以根据需求和投资策略的定位来选择，两种基金没有绝对的优劣。

指数基金

指数基金是跟踪某一指数，买入相应成分股，并进行定期调整的基金。市场上的指数主要分为两大类：宽基指数和窄基指数。

宽基指数要求成分股包含10只以上股票，并且不限制成分股所在行业。我们常见的沪深300指数、中证500指数等均属于宽基指数。宽基指数的特点是覆盖行业广，风险分散，与市场大趋势联系紧密。

窄基指数也称为行业指数，成分股集中在某一行业，比如白酒指数、新能源指数等。在特定时期，某个行业处于爆发期就会获得很高的超额收益，风险也更加集中，波动率较高。

投资指数基金有以下三大优势。

第一，指数基金轮回永续，实现优胜劣汰。

我们以沪深300指数为例，它由沪深市场中规模大、流动性好的最具代表性的300只股票组成，于2005年4月8日正式发布，以反映沪深市场上市公司股票的整体表现。

其上市基准为1 000点，截至2021年12月31日，收盘为4 940.37点，虽然指数是基准的近5倍，但是其中的成分股换了很多批。从2005年成立到2021年年底，一直作为沪深300指数成分股的股票只剩下49家，其余251家都进行过更换。

一家企业经营出现问题或者行业发展出现问题非常正常，回首历史，成为百年企业的都屈指可数。所以指数想要长期存续就必须优胜劣汰，以美国为例，100年前市值靠前的公司都是能源相关的企业，如今都变成互联网企业，这是时代的选择。我们没有能力去改变行业，只能选择具有内生更替能力的指数基金进行投资。

第二，指数基金与经济强相关，长期上涨。

一般来说，宽基指数基金的寿命基本与其所在国家和交易所的寿命相近，只要交易不停止，指数基金就会存在。所以"买指数基金（仅指宽基）就是买国运"，一国经济长期向上，其对应的市场指数也会长期上涨。

上证指数看似多年不涨，实则从100点涨到3 300点，幅度并不小。让投资者感觉长期没涨的因素主要有两个。一是指数编制方法有问题，新股纳入指数影响了净值，这个已经修改。二是中国股市过去估值太高，特别是在2007年的大牛市，市场从几百点涨到了6 000点，持续至今都是估值下移的过程。去掉2007年和2015年的波峰，平滑来看，平均点位都是慢慢上移的。

第三，费率低廉，交易成本低。

不同的基金费用不同。通常，指数基金的认购费率在1%左右，申购费率在1.2%左右，大多数基金销售平台会对申购费用进行打折。而对于赎回费，不同的基金也会有些差别，同时持有的时间也有可能影响赎回费。一般来说，持有时间越长赎回费越低，大多数基金持有两年以上就没有赎回费了。

此外，指数基金由于不需要基金经理主动管理、筛选股票，所以管理费都比较低，一般每年只有0.5%~0.8%的费率，要比主动管理型基金少一半。

我们在投资基金的过程中一定要重视各种费率带来的成本，长期下来才能让复利更多地增值。

主动管理型基金

主动管理型基金由基金经理在基金招募说明书以及相关监管条例的框架下进行主动买卖、调仓。基金业绩表现和基金经理的能力有直接关系。通常优秀的基金经理可以长期跑赢市场平均水平，而能力较弱的基金经理会落后于市场。

我国由于资本市场和基金业发展时间较短，散户直接参与投资的比例较大，公募基金在投资中有相对优势，存在获取超额收益的空间。所以综合来看，目前主动管理型基金的平均收益率要高于指数基金。

国外发达市场的情况正好相反，由于资本市场发展历程长，市场参与者相对成熟，叠加政策因素，获取超额收益比较困难，反而是指数基金收益较高。未来我国可能也会向这个方向发展，如果主动管理型基金没有超额收益，那么这是一个可喜的指标，因为这代表着这个市场的参与者都比较成熟了。但这是一个长期的过程，需要基金投资顾问等帮助散户提高投资水平。

主动管理型基金的投资核心只有一条：选择好的基金经理。历史业绩、最大回撤、夏普比率等数据都是对过往数据的验证，一旦更换基金经理，这些数据就很难再作为参考依据。选择基金经理主要看他的投资理念与他的操作能否自洽，比如看好成长类的企业，是否真的买了成长风格的股票；看好未来半年行情，是否真的进行了加仓等。这些都可以通过公开路演、网上信息、基金定期报告等获取，我们在后面章节会详细论述。

指数基金的分类和特征

我们已经知道指数基金具有轮回永续、优胜劣汰的优势，但是市场上依旧有"上证指数十年不涨"的说法。

投资指数基金到底能不能赚钱呢？事实上，指数有很多种类，对应的指数基金也有很多，十年不涨的只是个例，也并非主流的投资标的。

指数基金都有哪些呢？分类的标准有很多，下面介绍 4 个比较常见的分类。

按投资地域分

我们常听到的指数基金基本都是"国货"，也就是投资于我们境内市场的指数基金。沪深 300 指数基金、中证 500 指数基金等，都属于境内指数基金。

但通过指数基金我们不仅可以投资境内市场，还可以轻松投资全球市场。例如通过恒生系列指数基金投资港股，通过标普 500 指数基金、纳斯达克 100 指数基金投资美股，通过德国 DAX 指数基金投资德股等，这些基金按投资地域划分就属于境外指数基金了。

随着指数基金不断发展，相信未来也将有更多境外指数基金诞生，这将大大方便我们通过指数基金配置全球资产，更好地分散投资风险。

按资产类别分

按照投资的资产类别划分，指数基金可以分为股票指数基金、债券指数基金和商品指数基金。

股票指数基金是最常见的,它跟踪的标的是股票指数,如沪深 300 指数基金、创业板指数基金等都属于这类基金。股票指数基金具有高风险、高收益的特征,运用正确的投资方法可以让这类指数基金成为我们长期投资的利器。

跟踪债券指数的基金属于债券指数基金,例如广发中债 7 - 10 年国开债指数基金。

跟踪商品市场的指数基金属于商品指数基金,常见的有黄金、白银和原油等商品指数基金。

按指数类别分

股票指数基金还可以继续细分,国内常用的一种方式是按各自跟踪的指数类别分为综合指数基金、规模指数基金、行业指数基金、主题指数基金、策略指数基金、风格指数基金。

综合指数基金

反映某个单一市场所有股票整体情况的指数被称为综合指数。像我们最熟悉的上证指数,它的全称是上海证券综合指数,反映了在上交所上市的全部股票的整体情况,类似的还有创业板综合指数、深交所综合指数等。不过,这类指数全盘收纳整个市场的股票,并非理想的投资标的,因此跟踪它们的基金不多,并不是我们主要的投资对象。

规模指数基金

这是最重要的一类指数基金,也是我们重点的投资对象。所谓规模指数,就是根据股票的市值,将一定规模范围的公司股票选取出来,反映它们涨跌情况的一类指数。比如我们多次提及的沪深300指数，简单理解就是反映沪深两市市值规模和流动性综合排名前300名的股票的价格走势，而跟踪这类指数的基金就被称为规模指数基金。

行业指数基金

我们每个人都有自己的工作行业，上市公司也一样有自己所属的行业。根据主营业务进行分类，反映一个行业的股票走势的就是行业指数，如医药行业指数、消费行业指数等，对应的指数基金就属于行业指数基金。行业指数基金种类繁多，覆盖了我们生活的方方面面。因为只包含某个行业，这类指数基金深受相关行业发展的影响，投资的难度较大。

主题指数基金

除了上述根据某一行业的划分，还有根据某一特定主题划分股票的指数，即主题指数。主题指数通常包含多个行业，如常见的养老主题指数就包含医药、保险、消费等行业。此外我们常见还有红利指数基金、环保指数基金等。主题指数基金虽然包含多个行业，不过也限定在某一主题中，持仓的股票之间相关性同样不小，如果不是对某一主题特别了解，也不建议新手自己投资这类基金。

以广发中证环保ETF联接A为例，可以看到这只环保指数基金从2015年发行一直到2020年表现都比较差，而2020年以后才出现明显的上涨（见图6-8）。其主要原因就在于它属于环保主题，这只指数基金一开始的持仓都是污水处理、公共设施管理、园林生态等行业的股票，这些企业一直表现平平。后来新能源也被纳入环保主题，这只基金的绝大部分持仓也换成了与新能源和光伏行业相关的股票，收益这才开始大幅增长。

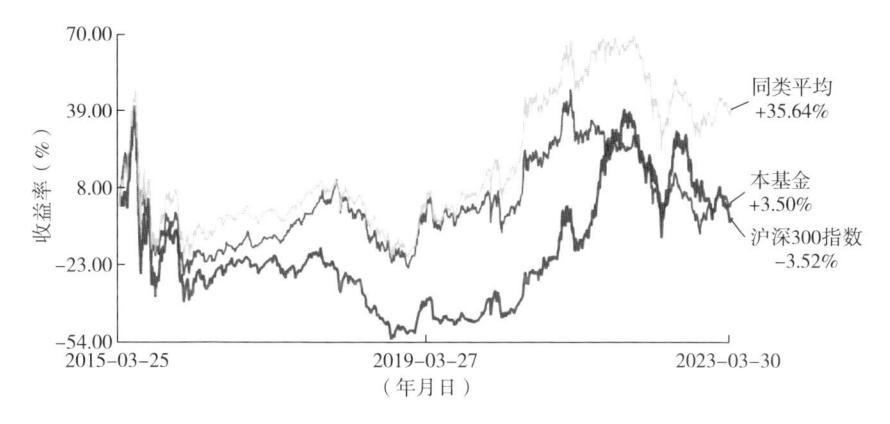

图6-8　广发中证环保ETF联接A的收益走势
资料来源：且慢App。

所以主题基金就像是一个筐，与这个主题相关的股票都可以往里装。这样就给主题基金带来了很大的不确定性，因为可选择的标的太多，所以同一主题基金之间的业绩差异也较大。如果对于相关主题研究不深，就很容易在投资中出现较大亏损。

策略指数基金

前面提到的规模指数采用的是市值加权，也就是某只股票市值越大，其在指数里的权重就越大，对指数涨跌的影响也就越大。策略指数则不同，它不简单根据市值确定权重，而是依据各种策略加权确定，如根据多个基本面指标确定权重的基本面指数。跟踪这类指数的基金像基本面50指数基金、中证500低波动指数基金等就属于策略指数基金。

策略指数基金更像是一种指数基金的加强版，指数基金本身是追求平均收益，以减少与跟踪指数的误差为目标，策略指数基金则是在指数基金的基础上做了一定的偏好选择，以期获得更高的收益。然而市场风格总是不断切换，拉长时间维度来看，策略指数基金并没有比纯指数基金跑出更多的超额收益，所以市场上的策略指数基金并没有大规模发展起来，只不过是指数基金的一种尝试和创新。

风格指数基金

通常可以把指数基金分为成长和价值两种风格。常见的沪深300价值指数基金、沪深300成长指数基金就属于风格指数基金。

风格指数基金与策略指数基金类似，只不过在投资标的的筛选上有更大的空间。因为无论是价值还是成长风格，都是人为判断的，基金经理在投资比例和标的选择上会有更大的自主权。

按投资策略分

按照基金的投资策略不同，指数基金还可以分为完全被动型指数基金和增强型指数基金。前者完全复制对应指数的持仓比例，不掺杂其他策略；而后者则在对应指数的基础上加了一些增强策略，以此来博取更高的收益。

像常见的沪深300指数、中证500指数都有对应的完全被动型指数基金和增强型指数基金。不过，增强型指数基金也不一定就能跑赢指数，有时也会有负增强的效果。此外，在费用上增强型也会比完全被动型更高一些。

总结来说，我们选择指数基金，首先应该想明白是要投资境内市场还是境外市场，以及投资哪一类别的资产，再到对应的指数基金分类里进一步筛选。指数基金分类可参见图6-9。

如何进行指数的筛选

我们在构建自己的指数基金投资组合时主要从三大维度去考

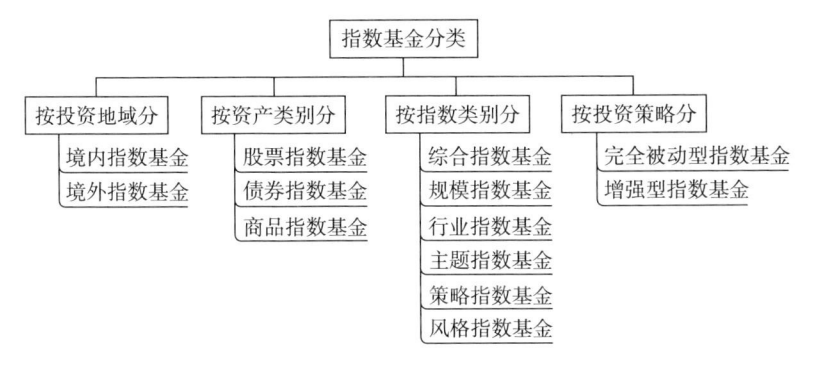

```
                    指数基金分类
        ┌───────────┬───────────┬───────────┐
   按投资地域分   按资产类别分   按指数类别分   按投资策略分
   境内指数基金   股票指数基金   综合指数基金   完全被动型指数基金
   境外指数基金   债券指数基金   规模指数基金   增强型指数基金
                 商品指数基金   行业指数基金
                              主题指数基金
                              策略指数基金
                              风格指数基金
```

图6-9 指数基金分类

虑和筛选。

第一是配置不同投资地域。为了分散投资风险，我们应该进行全球指数基金配置，当然境外基金的配置比例可以减少，但是不能不配置。比如我国香港的恒生指数、恒生科技指数、恒生国企指数，美国的纳斯达克指数和标准普尔500指数，德国的DAX指数等。

全球市场并不同步，各地货币政策也有很大不同，所以配置全球指数主要是为了降低整体持仓的波动率。

第二是配置不同投资风格。我们可以把投资风格简单分为超大盘风格、大盘风格、中盘风格和小盘风格。对应的境内指数分别是上证50指数、沪深300指数、中证500指数和中证1000指数。

市场总是在不同风格之间切换和轮动。比如2019年的市场风格就偏向于大盘风格，当年上证50指数累计上涨了33.58%，而中证1000指数只上涨了25.67%；2021年风格切换，小盘股备受追捧，当年上证50指数下跌了10.06%，而中证1000指数上涨了20.52%。

第六章 长期投资

我们在投资中很难预判未来市场的风格偏向于哪一方，所以进行均衡配置是非常有必要的。只要长期来看整体市场是不断向上的，那么投资指数基金赚钱的概率也会大幅增加。

我们可以看一下富国沪深 300 指数增强 A 这只基金（见图 6-10），从走势可以看出，高点早已超过了 2015 年牛市的高点。很多人所说的指数十年不涨，主要说的是上证指数。前文已经分析过原因，一部分是指数编制方法的问题，过早纳入了新股，新股在向均值回归的过程中拖累了上证指数。另外也由于上证指数包含了所有在上交所上市的公司，这些年新股发行量巨大，导致上证指数的基数也越来越大，上涨非常困难。这也就造成了综合指数上涨困难，而数量确定的规模指数却屡创新高。

第三是行业指数出奇制胜。对行业指数的投资较宽基指数的投资更困难，回报也更高，并不是所有人都一定要配置。但是如果你对于某一行业比较熟悉，也可以选择一些未来的朝阳

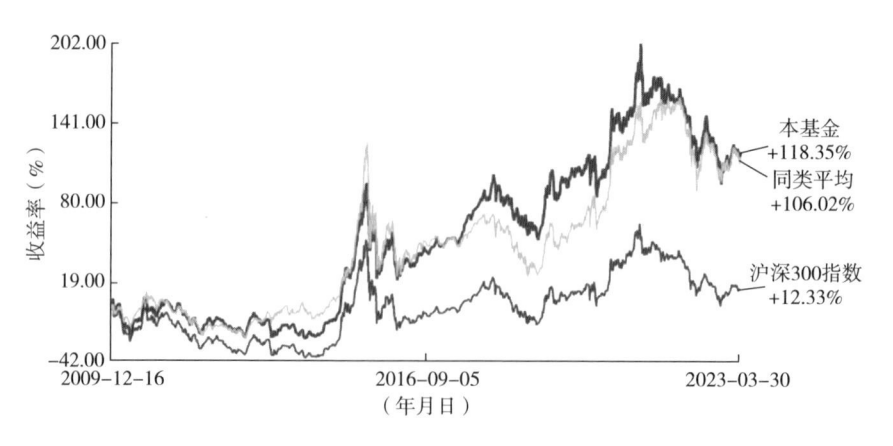

图 6-10　富国沪深 300 指数增强 A 的收益走势
资料来源：且慢 App。

行业进行一定比例的配置。这样可以达到提升组合收益的作用,当然如果判断不好,也会有反作用,所以在比例上一定要做好控制。

考虑了以上三大维度,你就可以构建一个简单的指数基金投资组合了,下一步就来看看主动管理型基金如何筛选。

精选主动型基金经理

这部分将为大家讲解如何精选主动型基金经理。

基金经理

有人怀着一夜暴富的梦想进入股市,也有人抱着跑赢通货膨胀的心态投资,究竟投资股市能给我们带来怎样的收益?公募基金经理是这个市场上的专业玩家,不妨再看看本章开头的图6-1,这是公募基金经理交出的成绩单,据此我们自己可以有个合理预期。

图6-1统计了497位基金经理的个人业绩表现。其中投资时间在1~5年、5~10年和10年以上的分别有272人、187人和38人。

从平均收益来看,管理时间为1~5年的基金经理的年化收益率平均超过20%,而管理时间在10年以上的基金经理的年化收益率平均仅有11%。但这并不意味着管理时间短的基金经理的投资能力更高,主要是受股市周期和投资风格的影响。比如一位基金经理从2019年开始管理基金,由于这段时间股市整体处于上涨周期,因此业绩亮眼;或是一位基金经理主要投资于医药、消费、科技行业,受益于近两年这些行业的优异表现,也会使业绩格外好看。

股市终究有涨有跌，各个行业或投资风格表现也常有轮动，短期的业绩还难以说明基金经理的能力，我们不妨把目光放在管理时间在 5 年以上的基金经理身上。这些基金经理的业绩分布较为集中，管理时间在 5~10 年和 10 年以上的基金经理年化收益率大多集中在 5%~20%，占比分别为 75% 和 89%。当目光再进一步聚焦到 10 年以上的老将身上，会发现年化收益率集中在 5%~15%，并且没有一个人的年化收益率能够超过 25%。

基金筛选

在对收益率有了一定认识后，我们就来学习如何挑选主动管理型基金。在阅读前需要特别提醒，本文所提及基金仅作为参考案例，不作为投资的推荐建议。

我们从定量和定性两个维度来对基金进行筛选。先从基金规模、最大回撤、夏普比率、波动率等指标对基金进行定量分析，再从基金经理背景、基金报告等信息对基金进行定性分析。

定量分析

定量分析的常用指标如下。

基金规模：基金规模是指基金净资产规模，反映的是这只基金的"大小"。过大的基金规模会在一定程度上限制基金经理的投资策略运作，而过小的基金规模也可能会面临清盘等潜在风险，所以对基金规模来说，2 亿~50 亿元的规模较为合适，但不同的基金经理策略容量不同，还要具体问题具体分析。

最大回撤：最大回撤反映的是一只基金在市场极端情况下的最坏表现，能让我们判断这只基金的亏损幅度是否在我们的承受范围内。观察这个指标时还需要综合考虑基金经理变更或者市场整体下跌的情况。

夏普比率：夏普比率是基金绩效评价的标准化指标，简单理解就是这只基金过往的收益与风险的性价比。根据过往的基金业绩表现，计算出每获取一份收益所要承担的风险，或者说每承担一份风险所能获得的收益。同类基金比较下，夏普比率的数值越高意味收益与风险的性价比也越高。

波动率：波动率是金融资产价格的波动程度，是对资产收益率不确定性的衡量，用于反映金融资产的风险水平。波动率越高的基金，在过往表现里的涨跌幅度就越大，波动可以产生亏损也可以产生收益，高波动率是一把双刃剑，跌幅较大，涨幅也较大，这十分考验投资者对投资时机的把握。

以中欧价值发现混合 A 为例，基金的定量分析指标展示通常如图 6-11 所示。

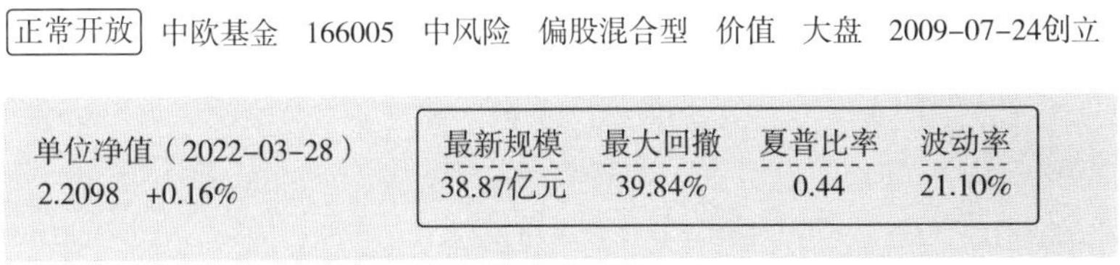

正常开放 中欧基金 166005 中风险 偏股混合型 价值 大盘 2009-07-24创立

单位净值（2022-03-28）　最新规模　最大回撤　夏普比率　波动率
2.2098　+0.16%　　　　　38.87亿元　39.84%　　0.44　　21.10%

图 6-11　中欧价值发现混合 A 的指标

收益走势：收益走势是基金整体运作的结果，与我们的投资收益预期密切相关。一般来说，基金的收益走势会与沪深 300 指数这样的大盘指数对比，也会与同类基金的业绩表现对比，用来判断这只基金相对于大盘平均和同类平均的超额收益能力。以中欧价值发现混合 A 为例，其成立至今及近 1 年收益走势如图 6-12、图 6-13 所示，数据截至 2023 年 3 月 30 日。

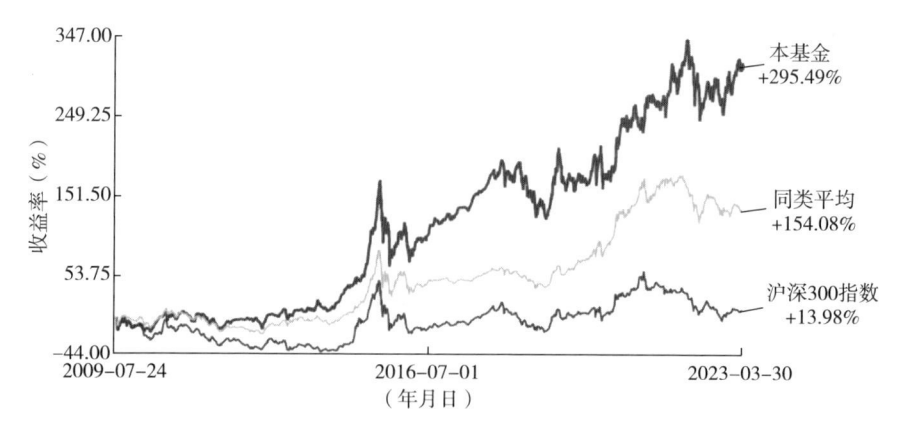

图 6-12　中欧价值发现混合 A 成立至今的收益走势

资料来源：且慢 App。

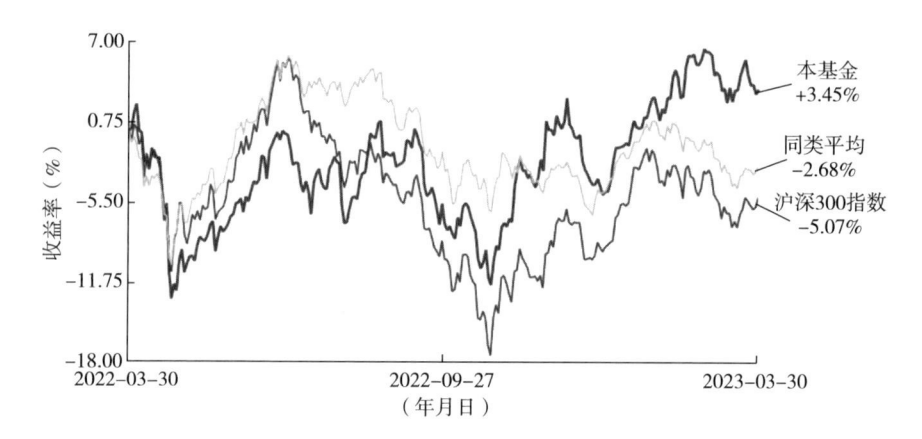

图 6-13　中欧价值发现混合 A 近 1 年的收益走势

资料来源：且慢 App。

业绩表现：业绩表现展示的是基金在不同区间业绩表现的情况（见图 6-14），在挑选基金的过程中，应该综合考量该基金在不同区间的表现情况，有些基金"偏科"严重，长期重仓某一板块，如果踩中市场风口业绩就会暴涨，反之就会表现比较差。同

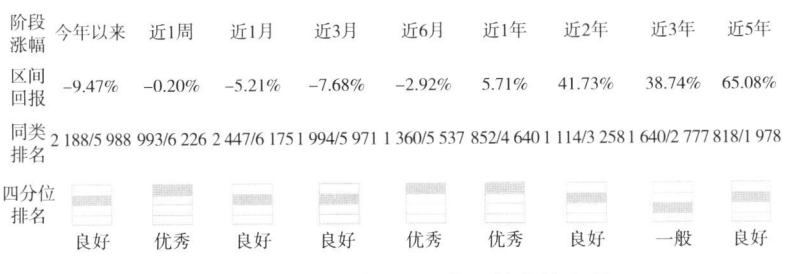

阶段涨幅	今年以来	近1周	近1月	近3月	近6月	近1年	近2年	近3年	近5年
区间回报	−9.47%	−0.20%	−5.21%	−7.68%	−2.92%	5.71%	41.73%	38.74%	65.08%
同类排名	2 188/5 988	993/6 226	2 447/6 175	1 994/5 971	1 360/5 537	852/4 640	1 114/3 258	1 640/2 777	818/1 978
四分位排名	良好	优秀	良好	良好	优秀	优秀	良好	一般	良好

图6-14 中欧价值发现混合A的业绩表现

注：四分位排名是将同类型基金进行百分比排序，前25%是优秀，25%~50%是良好，50%~75%是一般，75%以下是不佳。

时，有一些基金经理能力出众，长期、中期、短期的业绩都在中等偏上水平，那么胜率就会比较高。在查看业绩表现的时候主要看同类排名，筛选近5年、近3年、近1年以及近6个月的排名都在良好或者优秀的基金。

资产配置：资产配置反映的是这只基金在股票、债券、现金或其他资产上的整体配置情况，这主要是方便我们判断该基金的类别和仓位情况。

不同类型的基金在比例上会有着明确的限制，比如股票基金需要有80%以上的基金资产投资于股票，债券基金需要有80%以上的基金资产投资于债券，货币基金的基金资产仅投资于货币市场工具。同时投资于股票、债券和货币市场工具的，并且股票投资和债券投资的比例不符合股票基金和债券基金规定的，为混合基金。

行业配置和前十大重仓：行业配置和前十大重仓情况反映的是这只基金持仓的底层资产情况，为后续我们对基金风格、持仓估值等进阶研究打下基础。以中欧价值发现混合Λ为例，资产配置、行业配置、前十大重仓如图6-15、图6-16和表6-3所示。

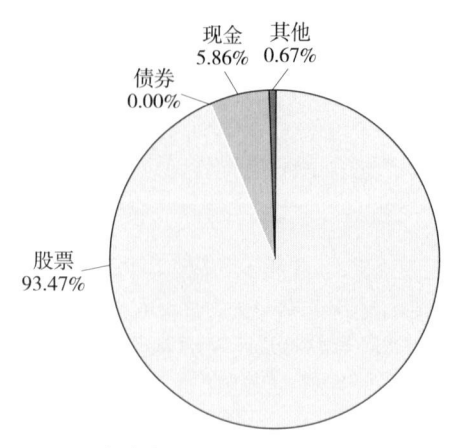

债券 现金 其他
0.00% 5.86% 0.67%

股票
93.47%

图 6-15 中欧价值发现混合 A 的资产配置情况

前三大行业占比

55.01% 制造业
17.22% 房地产业
6.16% 批发和零售业

行业集中度：78.39%

图 6-16 中欧价值发现混合 A 的行业配置情况

表 6-3 中欧价值发现混合 A 的十大重仓

序号	股票简称	占净资产比（%）	持仓市值（万元）
1	金地集团	8.95	34 807.19
2	宁波华翔	7.99	31 044.60
3	大亚圣象	5.43	21 103.58
4	润达医疗	5.09	19 791.78
5	垒知集团	4.34	16 881.91
6	富安娜	3.95	15 338.43
7	航民股份	3.20	12 445.89
8	冀东水泥	3.16	12 298.83
9	曲美家居	2.88	11 183.74
10	中国汽研	2.78	10 806.10

定性分析

我们往往会从基金经理本身的背景入手,查看有怎样的从业背景,从业时间有多长,过往管理基金的表现情况如何等。

一般来说,从业时间最好在 3 年以上,这样才能降低业绩好坏只是受到市场偶然因素影响的可能性。而年化收益率相对于同期大盘的超额收益率,则应与我们预期的投资收益率相匹配。

需要特别关注最新一期的基金报告里的"报告期内基金的投资策略和运作分析"。这里往往会记录基金经理在每一个季度/年度下对市场整体表现、基金策略运作等情况的观点,是我们对基金经理做定性判断的重要依据之一(见图 6-17)。

以上就是基本的基金定量与定性分析。掌握了这些知识,并不代表马上就能精选出优质的主动型基金经理,由于市场一直在变化中,过往的表现并不能作为对未来的业绩保证,还需要我们通过持续的跟踪才能做出判断。

精选主动管理型基金的难点

例如,2021 年 1 月,在市场整体风格偏好于以白酒为代表的抱团股时,与中欧价值发现混合 A 为同一位基金经理的中欧恒利三年定期开放混合(简称"中欧恒利")就出现了以下这种情况,所有四分位排名都处于末尾(见图 6-18)。

这是由于市场偏好对自身的投资风格不利,不过当时的基金经理依然在 2020 年第 4 季度的基金报告里,表达着看好"低估值蓝筹"的观点。

> 展望股票市场,目前整体估值并不是非常高,但分化极

本报告期内，本基金管理人严格按照《证券投资基金管理公司公平交易制度指导意见》及公司内部相关制度等规定，从研究分析、投资决策、交易执行、事后监控等环节严格把关，通过系统和人工等方式在各个环节严格控制交易公平执行。本报告期内，本基金管理人公平交易制度和控制方法总体执行情况良好，不同投资组合之间不存在非公平交易或利益输送的情况。

4.3.2 异常交易行为的专项说明

本报告期内，公司旗下所有投资组合参与的交易所公开竞价交易中，同日反向交易成交较少的单边交易量超过该证券当日成交量的5%的交易共有16次，为量化策略组合因投资策略需要发生的反向交易，公司内部风控已对该交易进行事后审核。

本报告期内，未发现本基金有可能导致不公平交易和利益输送的异常交易。

4.4 报告期内基金的投资策略和运作分析

四季度沪深股市表现平稳，wind全A指数微涨4.58%。在沪深300价值指数涨幅低于300成长指数的情况下，本基金相对各主要指数均实现了超额收益，使得基金业绩连续两个季度超越基准和各指数。

四季度以煤炭为首的商品价格出现了较大幅度的下跌，使低估值指数中的上证红利出现了调整。由于本基金主要配置在中下游的一些低估值公司，受到的影响有限。

展望未来，我们觉得在稳经济的政策前提下，那些估值较低，且与宏观经济关系紧密的地产基建金融以及可选消费等行业在2022年可能会有不错的表现。相反，那些在过去几年过于透支的一些行业，在新的周期里，可能较难表现，这正如2016年和2017年两年所体现的一样。

4.5 报告期内基金的业绩表现

本报告期内，基金A类份额净值增长率为8.69%，同期业绩比较基准收益率为1.45%；基金E类份额净值增长率为8.69%，同期业绩比较基准收益率为1.45%；基金C类份额净值增长率为8.48%，同期业绩比较基准收益率为1.45%。

4.6 报告期内基金持有人数或基金资产净值预警说明

本报告期内基金管理人无应说明预警信息。

图6-17　基金报告节选

资料来源：《中欧价值发现混合型证券投资基金2021年第4季度报告》。

为严重。考虑到未来1~2年经济上行，企业盈利将上行，我们认为市场的系统性风险不大，但波动会加剧。从资产结构来看，我们认为过去两年消费、科技行业的股票估值已经较高，预期投资回报不佳，未来1~2年估值极低的金融周期类的资产更具有吸引力。我们重点看好汽车、家电家居等可选

阶段涨幅	2021年以来	近1周	近1月	近3月	近6月	近1年	近2年	近3年	近5年
区间收益率（%）	-2.56	-4.86	-1.19	-2.10	2.05	10.16	29.15	5.23	—
同类排名	3 950/4 048	3 811/4 109	3 960/4 033	3 828/3 900	3 372/3 630	2 971/3 219	2 311/2 776	2 310/2 385	—
四分位排名	差	差	差	差	差	差	差	差	—

图6-18 中欧恒利在2021年1月的业绩表现

消费，银行、保险等金融行业，以及化工、有色、造纸等制造业。此外，餐饮旅游等消费服务业中估值合理的公司也值得重点关注。

在笔者看来，面对市场顺风和逆风都敢于坚持自己的投资理念，保持风格不偏移的基金经理才是我们心中合适的人选。因为打不过就加入是最简单的事，比如某些互联网主题、科技主题的基金，前十大重仓股里曾经也出现了各类白酒的身影。

无论是投资还是人生，我们总会遇到很多困难和疑惑，支撑我们不断克服种种困局的力量，正是对内心价值观的长期坚守和知行合一。

而作为投资者要解决的关键问题，是当遇到市场逆风低谷时，要用怎样的方式，与自己选择的基金经理/组合主理人一同面对，一同走过。

投资就是这么一件奇妙的事情，看似和金钱有关，实际却指向金钱背后的价值观、投资观。

很多对主动型基金经理的精选方法，存在着把归纳法当作演绎法来用的逻辑误区，比如过往基金业绩、名校学历、从业背景、多年经验等都属于从后视镜往回看历史的归纳法。有好业绩的结果支撑，怎么分析原因都可以是对的。但主动型基金经理投资的成败，讲究的是基于现在因素对未来进行预判的演绎法。

我们要做的，是分析当下因素，找到未来那个有好业绩的基金。毕竟现在的好业绩不等于未来的好业绩，也就是"过往业绩表现不代表未来收益的承诺"。

简单理解：如果时间倒退十年，你能选中未来的明星基金经理吗？那时的他们年少气盛，没有这么亮眼的业绩，也没有这么资深的经验，更没有这么高的人气，你为什么选中他们？

抛开历史业绩，其实真没有几个普通投资者能完全讲清楚如何挑选。那有没有简单一点、适合基金投资新手的方式呢？当然是有的，笔者将在后面章节里展开讲解。

长期投资的投资方法

● 利用定投提升投资胜率

长期投资虽然可以通过时间来应对市场的短期波动，但如果买点不好，买在市场高点，就会对持有体验和收益率产生较大影响。因此，投资时机的选择是一个重要问题。对于大多数普通投资者，定投是获取市场平均收益率的最简单、最实用的方式之一。接下来，我们讲解定投的一些常见问题和方法，希望能帮大家快速掌握。

基金定投是指在固定的时间以固定的金额投资到指定的开放

式基金中，最大的优点就是可以平摊成本、分散风险，如此简单易行的方式十分适合基金投资的新手。

定投作为一种省心省力的投资方式，一直以来备受推崇，不过定投并非基金投资的万能法宝，想要通过基金定投赚到钱，还需要掌握一些基本的使用指南。接下来就教大家如何定投。

什么时候开始定投最好

从一个牛熊周期的数据来看，任何时点开启定投，只要能长期坚持，最终都能获利。不过，不同定投起点对最终收益还是有一定影响，在熊市开始的最终收益要好于在牛市开始（见图6-19和表6-4）。

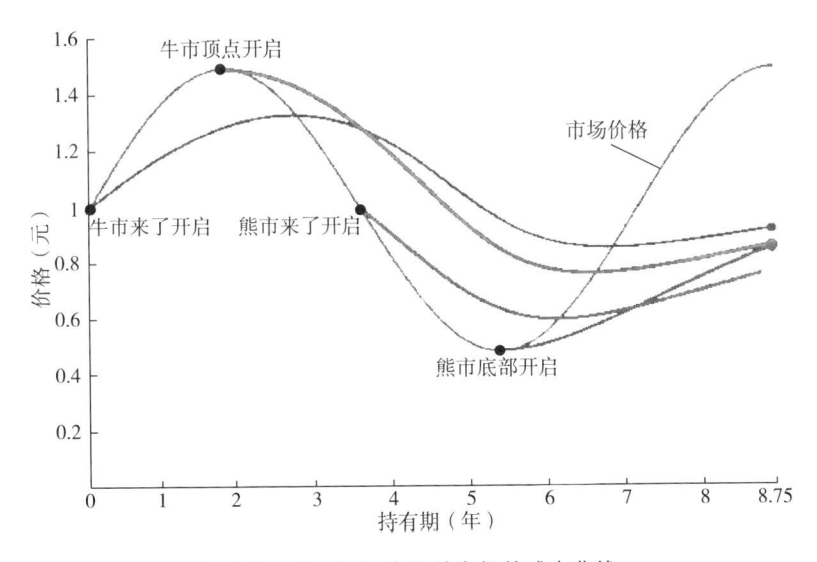

图6-19　不同起点开始定投的成本曲线

注：市场价格模拟曲线以7年为一个牛熊周期，波动区间为0.5~1.5。定投方式为每月定投。

资料来源：且慢投研。

表6-4 不同起点开始定投的收益

	持有时间（年）	累计收益率（%）	年化收益率（%）
牛市来了开启	8.75	61.3	10.71
牛市顶点开启	7.00	72.4	15.42
熊市来了开启	5.25	91.5	25.21
熊市底部开启	3.50	74.0	33.77

资料来源：且慢投研。

什么样的基金更适合定投

定投分批买入的特点，天然有降低波动的作用，如果是长期资金定投，在可承受的范围内，选择波动较高的基金更能发挥出定投低位积累资产，高位集中爆发的功效（见图6-20）。

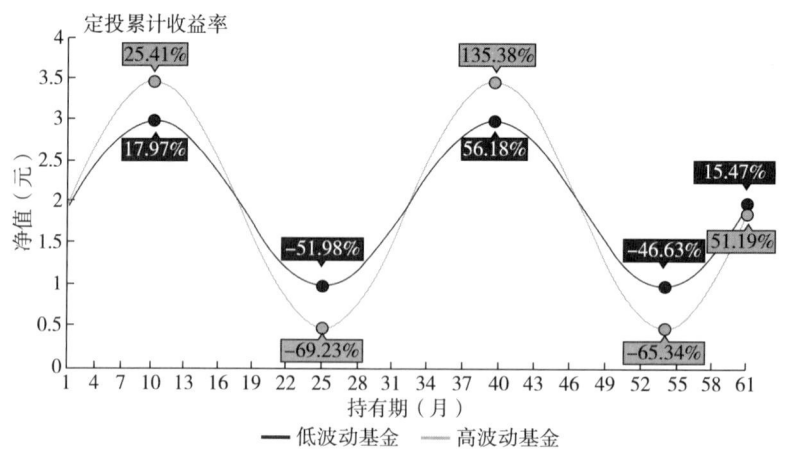

图6-20 不同波动基金净值趋势

注：回测方法是用不同振幅的正弦曲线模拟不同波动的基金净值走势，假定每期为一个月，定投60期（5年），持有至第61个月。
资料来源：且慢投研。

定投的频率应该如何选择

长期看，无论是周定投、双周定投或是月定投，平均收益率和盈利概率几乎都没有任何差异，选择自己舒服的方式就可以了（见表6-5）。

表6-5　不同频率定投的收益情况

	一周定投	双周定投	月定投
盈利概率（%）	64.39	64.30	64.60
平均收益率（%）	14.70	14.80	15.00

注：回测方法为2005年1月1日—2019年9月30日任意时间定投沪深300指数满5年。

择时定投的收益会更好吗

我们来看两组不同时间开始的定投数据，分别从2005年开始和2016年开始。

第一组：2005年至2021年，如图6-21所示。

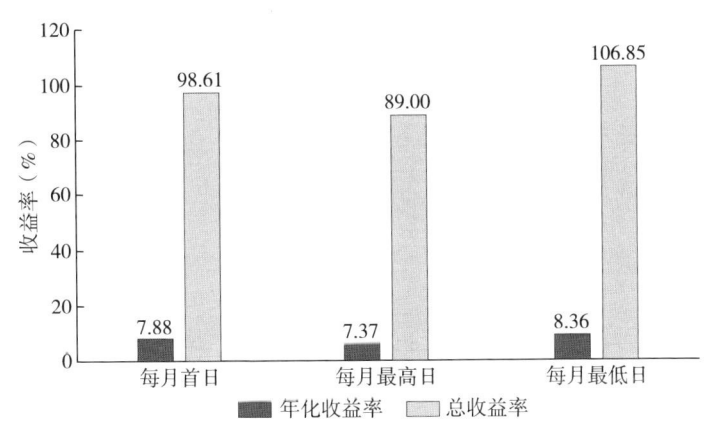

图6-21　不同定投日的收益率对比（2005年起）

注：回测方法为2005年1月1日—2021年5月13日，每月首日、每月最高日、每月最低日分别等额买入沪深300指数，计算各自的年化收益率和总收益率。

第二组：2016 年至 2021 年，如图 6-22 所示。

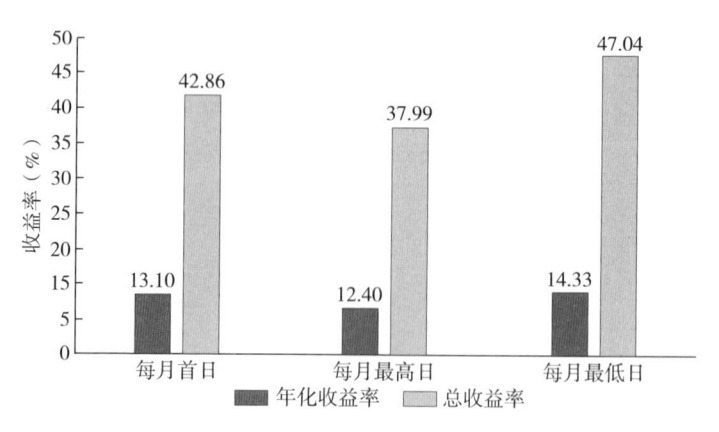

图 6-22　不同定投日的收益率对比（2016 年起）
注：回测方法为 2016 年 1 月 1 日—2021 年 6 月 4 日，每月首日、每月最高日、每月最低日分别等额买入沪深 300 指数，计算各自的年化收益率和总收益率。

无论是从沪深 300 指数成立以来，还是从 2016 年起的定投数据看，每次买入择时的效果都不明显，即使每月能精准"踩"到最低点，长期收益率也并没有提高很多。由此可以推论，诸如每月几号定投、每周几定投等，都对长期收益影响甚微。

这一点其实也不难理解，定投这种方式有摊薄成本的作用，随着定投次数的增多，每一次新增资金对成本价的影响会减弱，择时的意义自然也就不大了。

定投中最重要的事

我们已经知道，由于定投是分批投入，因此本身就具有摊薄成本、平滑波动的功效，诸如什么时候开始买入、哪一天买、以什么频率买等问题，在定投中都不太重要。

那么，对于定投，什么才是最重要的呢？其实，定投只不过是一种买入方式，要做好定投，也应该遵循投资的基本原则，总结为一句话就是用合适的资金，以好价格买入好资产，并长期持有。

合适的资金

基于定投的小额、长期、分批买入等特点，每月的现金流（如每月的工资结余）更适合用来做定投，而如果已经有一笔存量资金，定投的资金使用效率较低，并不合适。

好资产

如果选择的资产长期下跌，那即便使用定投的方式买入也于事无补，能够选择长期价格向上的好资产，是定投成败的关键。

当然，对于定投，好资产还被赋予了另一层含义，那就是高波动。高波动的好资产，如权益类基金，能够更好地发挥出定投的功效。

好价格

尽管择时对投资结果影响不大，但不意味着要无视价格，因为无论以什么方式买入，付出太高的价格最终都很难带来好的收益。在定投时长期高抛低吸是合理且易行的，但评判高低不能只盯着价格本身，而应该考虑估值水平。

所以理想的定投方式应该是根据估值水平来选择更优的风险性价比资产。

- 在权益资产估值合理时正常定投，在极低估时加额定投（有余钱的情况下）。
- 在权益资产高估时开始定投债券类，在极高估时卖出存量权益资产换为债券类。

长期持有

长期和定投是天生的好朋友，在时间的加持下，定投得以积累优质资产，聚沙成塔，积少成多；在定投的帮助下，长期投资也无须殚精竭虑，更容易坚持。

除去市场估值极高的时间段，"现在"就是定投开始最好的时候，特别是对于手头积蓄不多的年轻朋友，越早开始，越能享受到长期投资带来的复利积累。我们再来看一个具体的例子感受定投的魅力（见图6-23）。

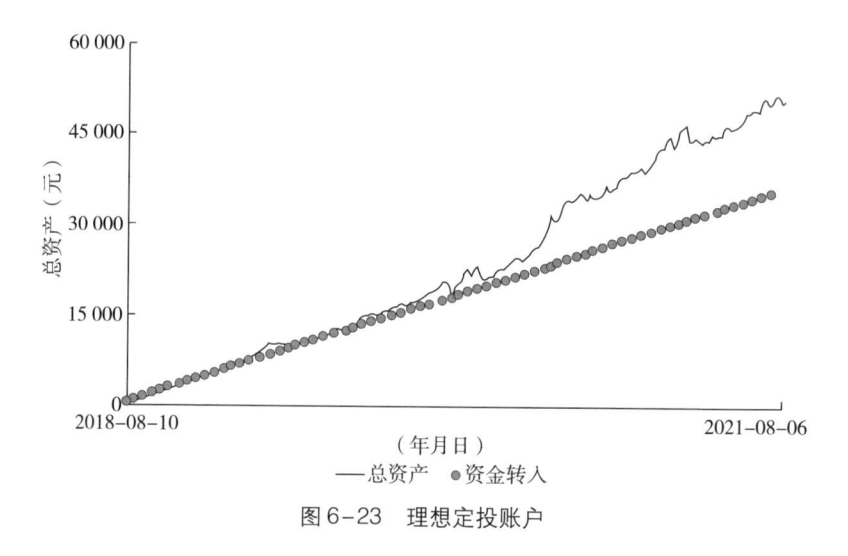

图6-23 理想定投账户

图6-23所示的是一个较为理想的定投账户，圆点代表的是每月定投金额的投入，曲线代表的则是账户总资产曲线走势。

这个定投计划开始于2018年的熊市，在股市持续下跌的过程里不断定投，以低廉的成本积累筹码，而账户总资产在随后的股市回暖里不断创出新高。这也能看出定投的另一个好处，可以尽早地、持续地积累资产。

如果 3 年前没有开启定投，每月的定投金额（如 1 000 元）可能也就吃吃喝喝花掉了，但通过定投现在就拥有了一笔不小的积蓄，打造出属于自己的小金库。如果你还年轻，每月有结余，那定投是很不错的选择，越早开始，复利时间越长，最终的收获也会越大。

利用估值和市场温度提升收益

上文我们已经了解了定投这一简单的投资方法，下面给大家讲解两种可以提升指数投资收益的方法。

利用估值提高赚钱概率

大道至简，投资的核心就是用更便宜的价格买到更好的资产，如何衡量市场是便宜还是贵呢？

估值指标

估值是最简单的衡量方法。估值最早应用于股票投资，通常以市盈率（P/E）和市净率（P/B）为主要参考指标。P/E 是每股价格除以每股收益，主要衡量企业的盈利水平。可以简单理解为 n 倍的 P/E 代表以目前企业的赚钱能力（每年净利润）要 n 年才可以赚回购买企业所用的钱。在不考虑其他因素的条件下，P/E 数值越低表示能够越快赚回资金，越值得投资。

举个例子，假设开一家奶茶店，奶茶店每年的净利润是 10 万元，市场普遍认为奶茶店的 P/E 为 15 倍是合理的，那么奶茶店的估值＝年度净利润×合理的 P/E＝10 万元×15＝150 万元。

因此，当买家以低于估算的价值 150 万元（即低于 15 倍的 P/E）来买奶茶店，老板通常是不会把奶茶店卖掉的；而如果老板以低于 15 倍的 P/E 出售奶茶店，那么买家则会选择买。

P/B 是每股价格/每股净资产，是投资者愿意为公司净资产付出的成本，一般重资产企业和成熟型企业使用 P/B 进行估值。

还是以奶茶店为例，奶茶店里所有机器设备、座椅等净资产总值为 100 万元，市场普遍认为奶茶店 P/B 为 1.6 倍是合理的，那么奶茶店的估值 = 净资产 × 合理的 P/B = 100 万元 × 1.6 = 160 万元。

以此方法估算出来的奶茶店价值为 160 万元，当买家出价高于 160 万元（即高于 1.6 倍的 P/B），那么老板便会觉得比较合适。

通常，无论是 P/E 还是 P/B，在相同条件下，都是越低的投资价值越高。

这里要注意的是，P/E 和 P/B 的数值和指数未来涨跌是没有必然联系的，因此我们在实际应用中，这两个数值仅能为我们提供参考，并不能直接作为投资决策。P/E 低可能是因为企业成长性差，盲目买入会落入低估值陷阱；P/B 低可能是公司资产虚高而造成的数据假象。我们在使用这两个估值指标的时候，只需要看估值的相对位置，不用追求绝对估值。

如何判断估值

投资大师格雷厄姆认为一只股票的 P/E 在 10 倍以下才有投资价值，P/E 超过 20 倍则有被高估的嫌疑。

但是在投资的实操中，如果过度关注 P/E 的绝对值也会错过很多科技股和成长股。所以我们在实操中可以将 P/E 数值和它的百分位相结合，用来衡量投资标的是否便宜。

以中证 500 指数为例，2022 年 8 月 9 日，中证 500 指数的 P/E 为 28.17 倍，百分位处于 29.28% 的位置，也就是说该指数目前的 P/E 绝对值只比历史上 29.28% 的时间高。

通常来说，百分位在 30% 以下属于低估，30%～80% 属于正常，80%以上属于高估。虽然不可能一定买在最低点，卖在最高点，但是它给我们在投资指数基金的时候增加了一个衡量标准。

利用市场温度计提高赚钱概率

利用估值指标来提高赚钱概率只是基础方法，在投资实践中，还会出现很多问题。因为投资与资产的定价密不可分，既然是定价就离不开与无风险收益率的对比，而估值指标只是历史数据并非动态数据。

笔者在 P/E、P/B 的基础上，增加风险溢价指标，并赋予这 3 个指标相应权重，加权计算得出市场温度。

风险溢价 = 风险收益率 – 无风险收益率，这里的风险收益率我们用对应指数 P/E（万得全 A 指数、沪深 300 指数、中证 500 指数）的倒数，无风险收益率则用 10 年期国债的收益率。通过观察市场温度指导我们进行投资（见图 6-24）。

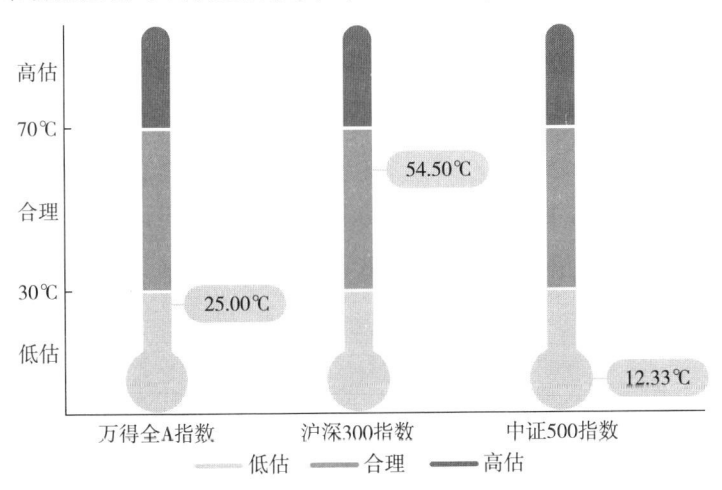

图 6-24　一周指数温度

资料来源：万得资讯、且慢 App。

市场温度值理论区间为 0~100℃。市场温度越低，代表目前被低估；市场温度越高，代表目前被高估。根据历史温度数据，30℃以下可以定义为低估，70℃以上为高估，30~70℃为合理。

不同温度买入的赚钱概率

为了验证通过温度计投资是否更加有效，笔者做了数据回测，以不同股债比例的组合在不同市场温度买入，查看最终的赚钱概率。数据选取的是 2010 年 4 月 9 日—2021 年 1 月 7 日，一共 11 年的时间维度（见图 6-25）。

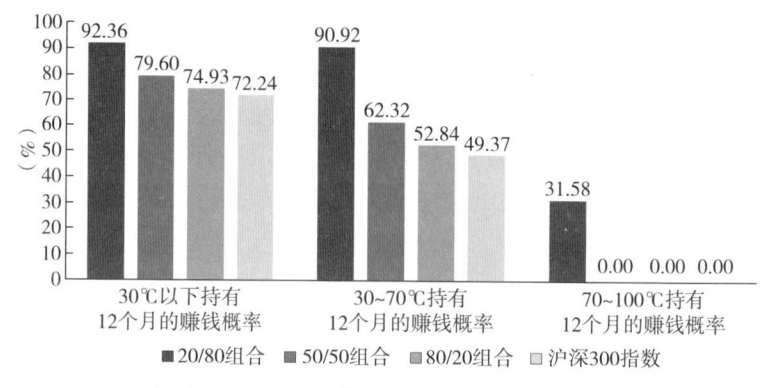

图 6-25　不同温度下各比例组合的赚钱概率

注：20/80 组合代表 20% 股 + 80% 债，依此类推。
资料来源：万得资讯、且慢投研。

在低估（温度 <30℃）的时候，无论是哪一种比例的组合，赚钱概率都是最高的。其中，20/80 组合的赚钱概率最高，为 92.36%；50/50 组合的赚钱概率次之，为 79.60%；80/20 组合的赚钱概率再次，为 74.93%；100% 沪深 300 指数的赚钱概率最低，为 72.24%。

在合理（30℃ < 温度 <70℃）的时候，赚钱概率都略有降低。20/80 组合的赚钱概率为 90.92%；50/50 组合的赚钱概率为

62.32%；80/20 组合的赚钱概率为 52.84%；100% 沪深 300 指数的赚钱概率为 49.37%。

在高估（温度＞70℃）的时候，不同比例的组合，赚钱概率均显著降低。20/80 组合的赚钱概率为 31.58%；50/50 组合、80/20 组合、100% 沪深 300 指数的赚钱概率都已降为 0。

不同温度买入的平均收益

为了探究这个问题，我们依旧用过去 11 年的数据进行测算，在不同温度下买入，分别持有 12 个月，平均收益会有多少（见图 6-26）。

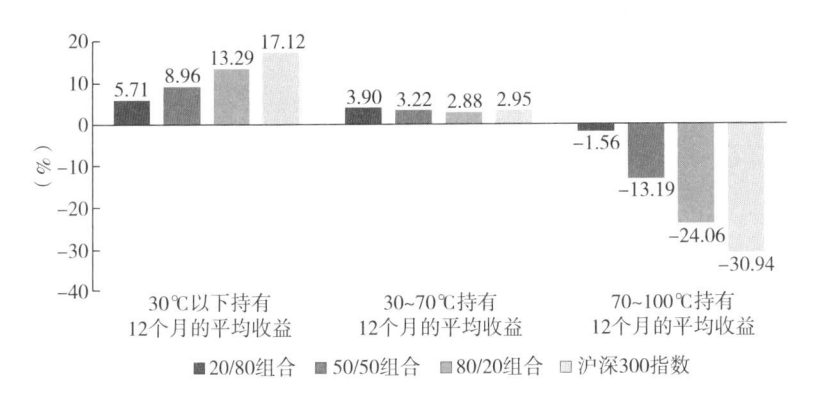

图 6-26 不同温度下买入持有 12 个月的平均收益率
资料来源：万得资讯、且慢投研。

在低估（温度＜30℃）的时候，买入 100% 沪深 300 指数最赚钱，平均收益率为 17.12%；80/20 组合次之，平均收益率为 13.29%；50/50 组合再次，平均收益率为 8.96%；20/80 组合最低，平均收益率为 5.71%。

在合理（30℃＜温度＜70℃）的时候，情况发生了反转。持有 20/80 组合最赚钱，平均收益率为 3.9%；50/50 组合次之，平均收益率为 3.22%；100% 沪深 300 指数再次，平均收益率为 2.95%；80/20 组合最低，平均收益率为 2.88%。

在高估（温度 >70℃）的时候，各类型组合平均收益率均变为负值。但是，20/80 组合最抗跌，平均收益率为 -1.56%；50/50 组合次之，平均收益率为 -13.19%；80/20 组合再次，平均收益率为 -24.06%；100% 沪深 300 指数最差，平均收益率为 -30.94%。

上一组数据告诉了我们，在不同市场温度下入场，赚钱概率有多高。这组数据告诉了我们，在不同市场温度下入场，平均收益率可能有多少。这就是温度计对我们投资的指导作用，告诉我们何时加减仓，何时赚钱概率更高。同时，也能让我们在买入之后，有一个合理的预期。

当然，投资还要向前看，对市场温度的定义，随着市场的变化，我们也需要不断地完善与更新。温度计是我们投资参考的指标之一，但不是唯一。

如何通过市场温度计进行指数定投

这里介绍如何用温度计对沪深 300 和中证 500 两个最常见的指数做定投。

首先介绍沪深 300 指数的温度计定投方法。

第一步，温度设置。将沪深 300 指数温度分为 30℃ 以下、30~40℃、40~50℃、50~60℃、60~70℃、70℃ 以上 6 个区间。

第二步，进行买入金额设置。在 30℃ 以下买入 1 000 元，30~40℃ 买入 600 元，40~50℃ 买入 360 元，50~60℃ 买入 216 元，60~70℃ 买入 130 元，70℃ 以上不买（温度每提高 10℃，定投金额减少 40%）。

第三步，定投日期设置。设置为每周一（历史回溯发现，无论周几定投，结果差异微乎其微）。

第四步，卖出机制设置。在沪深300指数温度大于70℃，市场情绪过热，或者有其他理由时可将沪深300指数基金调仓为偏债型基金或者货币基金。等待市场进入定投区间时，按照第一步，再将偏债型基金或货币基金转换成沪深300指数基金。

笔者对比了2018年1月8日—2021年2月9日（市场温度刚好是从合理到低估，再到高估的一个区间段）固定时间固定金额的传统定投方式与温度计定投方式的表现。结果显示，在统计区间内，沪深300指数涨幅为36.68%，传统定投方式的收益率为46.14%，温度计定投方式的收益率为54.16%（见图6-27）。

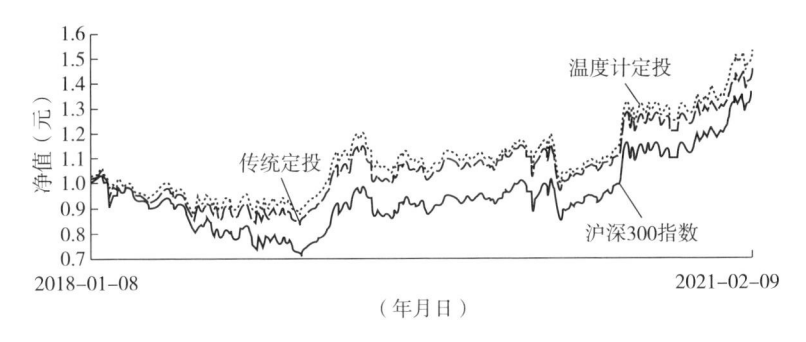

图6-27 传统定投方式与温度计定投方式比较（沪深300指数）
资料来源：万得资讯、且慢投研。

从统计数据中可以发现，当市场经历从合理到低估，再到高估的过程时，定投收益往往都比一次性买入要好。同时，使用温度计定投的收益也在大部分时候都比传统定投收益更好。

然后介绍中证500指数的温度计定投方法。

第一步，温度设置。将中证500指数温度分为10℃以下、10~25℃、25~40℃、40~55℃、55~70℃、70℃以上6个区间。

第二步，进行买入金额设置。在10℃以下买入1 000元，10～25℃买入600元，25～40℃买入360元，40～55℃买入216元，55～70℃买入130元，70℃以上不买（温度每提高15℃，定投金额减少40%）。

第三步，定投日期设置。设置为每周一（历史回溯发现，无论周几定投，结果差异微乎其微）。

第四步，卖出机制设置。在中证500指数温度大于70℃，市场情绪过热，或者有其他理由时可将中证500指数基金调仓为偏债型基金或者货币基金。等待市场进入定投区间时，按照第一步，再将偏债型基金或货币基金转换成中证500指数基金。

笔者对比了2018年1月1日—2022年6月24日，传统定投方式与温度计定投方式的表现。结果显示，在统计区间内，中证500指数涨幅 -1.27%，传统定投方式收益率为11.87%，温度计定投方式收益率为15.42%（见图6-28）。

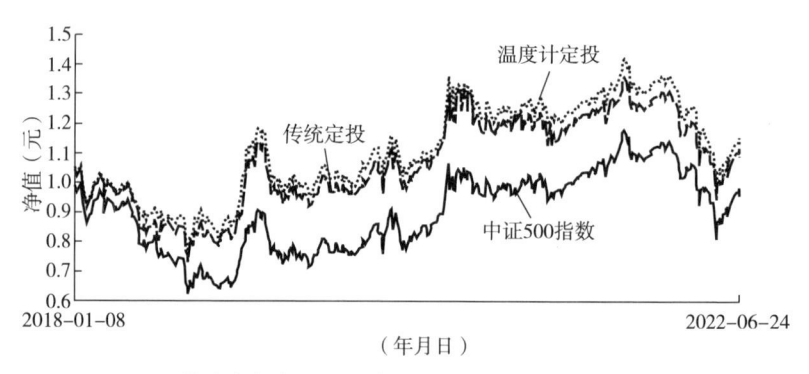

图6-28 传统定投方式与温度计定投方式比较（中证500指数）
资料来源：万得资讯、且慢投研。

从统计数据中可以发现，定投收益大部分时候都比一次性买入要好，同时，使用温度计定投的收益也在大部分时候都比传统定投收益更好。

以上方法仅供参考，大家可以根据自己实际情况进行设置。理论上，在指数温度越低的时候买得越多，在越高的时候买得越少，定投的收益率就越高。也就是说温度每提高一个区间，定投金额减少的比例越大，定投的收益率就越高。但若减少比例过大，则实际定投的金额就会减少，真实的收益率就会降低。所以，温度每提高一个区间，到底减少多少定投金额比例，既要考虑整体的收益率，也要考虑到手的真实收益率。笔者对不同比例减少的定投金额进行回测后发现，温度每提高一个区间，定投金额减少40%，性价比较高。

当然，温度计也不是万能钥匙，指数温度降低，不代表指数价格不会继续下跌。反过来，指数温度升高，也不代表指数价格就一定会反转下跌。指数温度降低之后，还可能会更低；升高之后，还可能会更高。换句话说，根据上述的温度计定投方式，不能保证在温度低时买入后指数不继续下跌，也不能保证在温度高时，调仓成偏债型基金或货币基金后指数一定下跌，调仓后指数仍可能继续上涨。

认识投资风险

什么是投资风险

我们在投资中经常会说到风险和收益，但实际上大部分人只注重收益而忽略风险。我们在投资任何投资产品之前都会被要求做风险测评，根据风险测评的结果，会有对应的投资品种的限制。

很多人为了能获得购买高收益产品的资格，在测评时选择了与自己情况不相符的选项，往往这种操作带来的结果就是买入了风险过高的产品，最终承受不住亏损，"割肉"离场。

做风险测评的原因就是让投资者在对风险没有足够认识的情况下，买一些适合他的产品，不至于出现太高的亏损。充分认识风险这件事情，在我们投资中是非常重要的，这部分就会详细为大家讲述什么是风险。

风险是一个很模糊的词，也很难被定义，每个人对于风险都有自己不同的认识。但是整体上可以分为以下两大类。

一类是本金永久损失的风险。从我们拿到钱的那一刻，风险就伴随而来。把钱藏到床底下，有丢失和被老鼠啃食的风险；把钱存到银行有贬值风险；把钱买成基金，有亏本风险；把钱买成债券，有违约风险……

这其中有一些风险是可逆的，比如我们买基金，可能在某一段时间内会持续亏损，但如果市场转好，也有回本盈利的可能性。

以大成沪深 300 指数 A 为例，假设我们在 2015 年 6 月市场最高点的时候买入该基金，市场随即出现了大幅下跌，产品也出现了大幅回撤，但如果我们拿住一直不卖的话，2021 年 2 月这只基金会创造历史新高（见图 6-29）。虽然算上时间成本，这笔投资并不划算，但是本金并不会出现损失，在经过较长时间的"浮亏"后，最终还是能回本盈利的。

还有一些是不可挽回的风险。如果我们买入了爆雷的债券，企业没钱还款，那么这笔钱就是永久损失了。接连爆雷的 P2P 产品也带来了不可挽回的风险。大量打着高收益低风险旗号的 P2P 产品，最终导致投资者血本无归。也就是我们承受了本金永久损

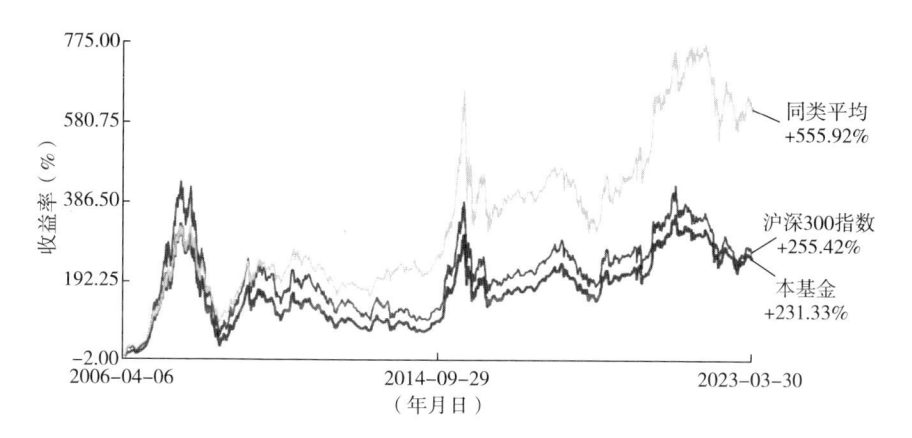

图6-29　大成沪深300指数A的收益走势
资料来源：且慢App。

失的风险来获取那10%的收益，显然是不划算的。

所以我们在投资中一定要分清风险类型，可逆风险是可承受风险，而不可挽回风险是要尽量规避的。

另一类是预期收益不能实现的风险。《漫步华尔街》一书中对于风险有一个定义：预期的证券收益不能实现的可能性。这个定义延展到基金领域乃至投资领域也是一样的。所有投资的预期收益不能实现的可能性也是风险的一部分。简单来说，我们投资的目的是希望在承受一定风险的条件下获取预期收益。比如股票风险高，预期获得的收益也高；货币基金风险低，预期获得的收益也低。如果你承受了很高的风险但最终只获得了很低的收益，甚至是亏损的，那么这就是你的投资风险。

笔者对投资者做过一次聚类分析，结果分为4组（见图6-30）。

- 稳健组：收益和风险均集中在0~5%，表现较为稳健。
- 平衡组：收益集中在8%~35%，风险集中在5%~15%，表现较为平衡。
- 进取组：收益集中在 20%~55%，风险集中在 10%~20%，承受较大风险的同时获得了较高的收益。
- 风险组：收益集中在 -15%~10%，风险集中在 8%~20%，承受了较高的风险但是并没有获得相应的收益。

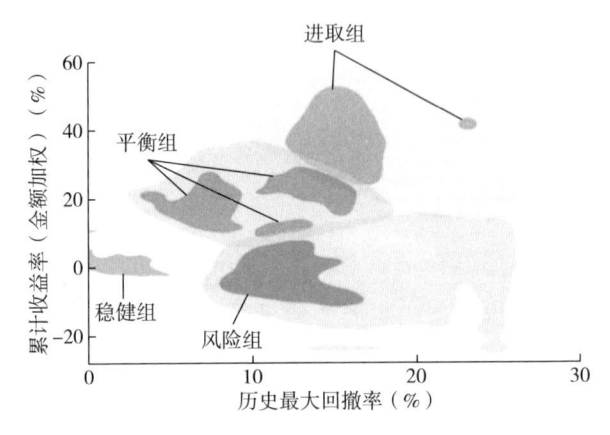

图 6-30　风险与收益的聚类分析

最终统计下来，依旧有 20% 的投资者被分到了风险组（见图 6-31），也就是承担了很大的风险，却没有获得对应的收益。

背后的原因有很多，如不良的操作习惯、投资认知不够、听信小道消息等。但不论是什么原因，都导致了预期收益不能实现这一风险的出现。

需要注意的是，波动不是风险。巴菲特说："波动对于真正的投资者而言是巨大的优势，而不是风险。"因为在市场剧烈波动的时候，往往会出现资产定价错误的情况，这时候买入将会获得非常大的投资回报。

波动是一把双刃剑，对于把握住机会的投资者，波动是提升

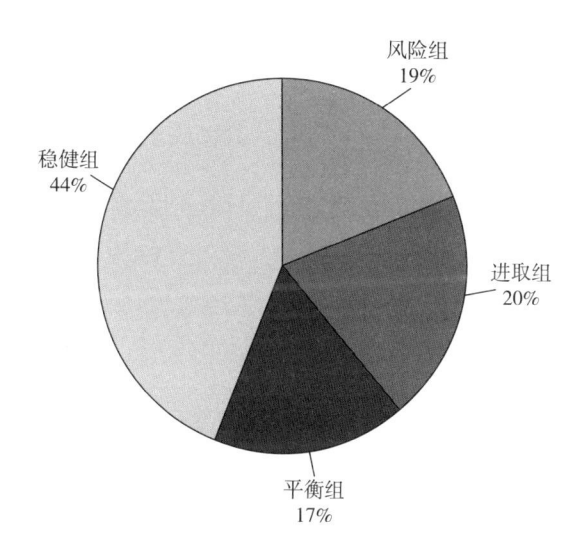

图 6-31 投资者分组

超额收益的重要来源；但是对于不成熟的投资者，波动是让资产跌入深渊的助推器。回顾市场，可以发现每次大跌后出现的买入机会，都会让投资者获得非常丰厚的回报。

2013 年市场出现"钱荒"，货币市场供应不足，出现"股债双杀"的情况，看淡后市的声音络绎不绝，就在这种声音中，市场先是跌破 2 000 点，随后迅速见底，后面迎来的是 2014 年与 2015 年的大牛市。2018 年中美贸易摩擦加剧，市场看衰之声不绝于耳，而后市场跌破 2 500 点后见底，2019—2021 年都是不错的市场行情。反观 2015 年上半年，"4 000 点是牛市的起点""上证指数将会突破一万点"等言论不断，投资如果不顾及已经极高的估值和疯狂的杠杆率，最后迎来的只有"股灾"。

因此，波动并不是风险，利用波动，拥抱波动，让波动成为我们投资的利器。

金融产品的风险

上面我们对风险本身做了阐述,具体到金融产品则各有不同。

股票

股票的风险主要来自企业经营的风险而不是股价涨跌的风险。因为股票代表的是企业的部分所有权,投资者买入一家公司的股票,就成了一家公司的股东,利益共享,风险共担。如果这家公司表现好,经营优秀,只要你买的股价不是特别贵,那么这笔投资一定会获得不错的投资回报。

所以,我们买股票时主要考虑的是企业经营风险,但这里面是非常复杂的。例如:公司经营过于激进,导致现金流断裂;管理层中饱私囊,通过资本运作掏空上市公司;公司不思进取,被时代淘汰;管理层决策失误,公司方向迅速偏航;等等。这些风险有的是行业本身特性,有的是企业自身导致。

对于行业本身的风险,我们可以联想空调和电视这两个电器。它们同为家电行业,但是行业格局和发展完全不同。空调更新换代慢,几乎没有替代品,随着人们生活水平的提高,需求量也在不断扩大,相关企业只要做好成本控制和市场渠道就可以活得不错。而电视行业迭代非常快,显示器从 CRT(阴极射线管)到 LED(发光二极管),每次技术迭代都会让生产链路重新更新,成本极高。所以电视行业的上市公司如果不转型到白色家电,很难获得很好的经营利润。比如上市公司四川长虹,曾经是中国彩电行业的龙头企业,如今每年虽然营收接近千亿元,但净利润一直在盈亏平衡点上下浮动,核心原因就是彩电行业利润率太低。空调这个赛道虽然很好，但是每家空调企业的命运都完全不同。在 20 世纪 90 年代春兰空调的市场占有率最高到过 40%，而后公司开始多元化发展，重营销、轻品控，涉足房地产领域，慢慢公司就被同行超越，淹没在了历史的长河中，现在提到空调，大家能想起来的都是格力、美的等企业了。

对于股票投资，除了企业自身的经营风险，还有投资者的交易风险，再好的公司买入价格过高，也会降低投资回报，甚至出现亏损。

债券

债券的风险主要来自违约风险。债券和股票不同，债券投资者和发行人是债务债权关系，股票投资者买的是企业所有权。

债券在发行时，会约定到期收益，相对波动比较小，比如我们购买的国债、企业债、债券基金等。一旦债权主体经营不善，出现资不抵债的情况，投资者的本金就可能会出现永久损失的情况。2022 年上半年，地产信用债违约率达到创纪录的 26.47%。所以债券投资的风险并不比股票低，甚至在经济下行，或者某一行业出现重大事件的时候，风险远超股票。

货币

货币风险主要有两个，一个是通货膨胀带来的贬值风险，另一个是汇率反向变动带来的损失风险。这两个比较好理解，就不再赘述。

● 远离杠杆

很多人都想通过加杠杆实现造富神话，股神巴菲特实际上也是用上了杠杆才有年化20%的收益率。

对普通投资者来说，还是要远离杠杆。究其原因，主要有以下几点。

普通投资者很难获取优质杠杆

借别人的钱来加杠杆肯定是有成本的，这笔杠杆资金的投资收益率不仅要跑赢通货膨胀、跑赢银行利率，还要长期稳定跑赢借钱的成本。例如，你借了一笔钱，年化利率是10%，那相当于你的投资收益率要超过10%才能获利，否则算上利息，实际上是亏损的。

巴菲特加杠杆，用的是近乎0成本、无限期的保险浮存金。而普通投资者在金融投资上，很难找到期限又长，成本又低的杠杆。例如，国内券商的两融业务，普遍利率高于6%，而且有盯市制度，股票越跌会让杠杆风险越大。

投资加上杠杆，无疑是将难度提升了好几个等级，如果加的是劣质杠杆，那等于开启了"地狱模式"。

长期投资偏股型基金收益不错，但波动较大

虽然我们一直讲，股票是长期表现最好的资产，偏股型基金长期收益很不错，但同时我们也一再强调，偏股型基金高收益的背后也伴随着高波动（见图6-32）。

普通投资者投资时，最大的障碍就是高波动，因为波动太大拿不住。这是过去基金赚钱基民不赚钱的主要原因之一。

如果投资加上杠杆，在放大收益的同时，也会放大投资的波动。比如加1倍的杠杆，当基金下跌20%，实际本金就亏了40%，这还没有考虑这段时间的杠杆成本。

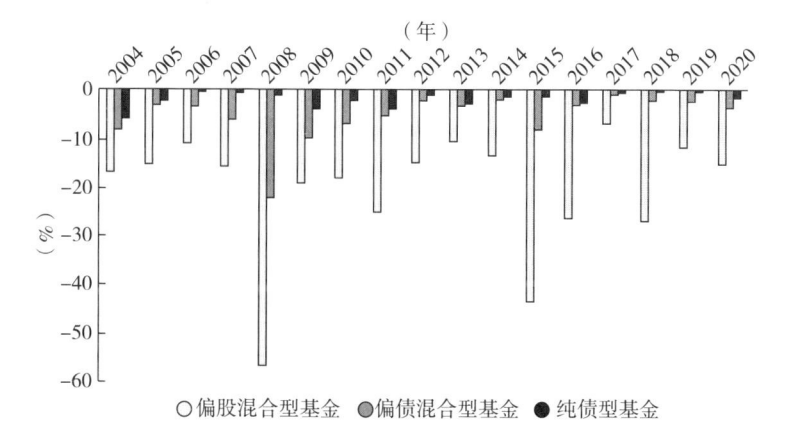

图 6-32　各类型基金最大回撤率

资料来源：万得资讯。

股票类资产本身的波动对于多数人而言已经是超纲了，需要用资产配置来降低波动，更别说鼓励大家用杠杆放大波动了。

警惕小概率事件

虽然长期投资偏股型基金大概率能取得好的收益，但我们无法买入全部偏股型基金，也无法保证自己买的都是好的，万一选到的基金表现不佳，加上杠杆就会错上加错，更难翻盘。

另外，站在当前看历史，确实长期投资赚钱是大概率事件，但不意味着我们碰不到小概率事件，即长期不赚钱。

我们投资时如果用的是长期不用的钱，就算碰到小概率事件，起码也能保证自己的正常生活；而加上杠杆，只会让自己面临极大的风险。

杠杆是一把双刃剑，用得好可以提高本金的效率，放大收益，用得不好则会让自己加倍亏损。

鉴于大多数人无法获取优质杠杆，也没有足够的投资能力和心态驾驭杠杆，因此不建议普通投资者在投资中使用杠杆。如果一定要用杠杆，那么以下建议供大家参考。

- 使用优质杠杆，成本越低越好，期限越长越好。例如，替家人打理资金，也等于给自己加杠杆；或者在别处加杠杆，用省下的资金投资，低利率的房贷就是普通人一生能获取的最优质杠杆。
- 在有极度确定性机会时才考虑加杠杆。比如在 2008 年、2013—2014 年、2018 年等历史级别的大熊市，股票估值极低，未来的预期回报高，股市下行空间也不大，这时加杠杆会更加安全一些。
- 尽量不要加过高的杠杆。

对风险有了正确的认识后，我们来讲讲如何应对风险。

如何应对风险

我们了解投资市场潜在的风险后，下一步就要学习如何应对风险。首先，大家要明白一个问题，风险很难预测，它是一个后验的结果，当风险真正发生的时候，你才知道这是一个风险。所以面对风险时，我们要做的不是预测风险，而是在我们投资时想好应对方法。

学会卖出

很多人投资达不到预期的收益，除了因为买贵了，还因为不会卖出。

一个投资体系包括"买什么""怎么买""怎么卖"这3个问题,其中,"怎么卖"的核心答案就是,你的买入逻辑消失的时候。

比如,价值投资者的买入逻辑是用便宜的价格买入优质的公司,当价格不便宜了或者公司经营不善时,那价值投资者就该卖出,因为买入逻辑消失了。

比如,你预期某只股票短期会涨,因此去买某只股票,那当这只股票在此期间没涨,你的预期落空,就要考虑卖出。

比如,你因为特别看好某位基金经理而买入某只基金,那当这位基金经理离职了,你就要考虑卖出。

比如,你因为看好某个公司的商业模式而买入股票,当商业模式遭受不可逆的变化时,就要卖出。总而言之,当买入逻辑消失时,就要卖出。

买入逻辑千千万,对应地,卖出的情形也是千千万,没有一个具体的标准。至于止盈,只不过是你在卖出的时候,恰好这个标的处于盈利状态而已。投资需要忘掉自己的持仓成本。事实上,投资决策不应依赖于你的成本,因为那属于沉没成本,盯着持仓成本做决策,属于典型的"锚定效应"。

投资应该根据当前的信息以及未来的预期进行求解。既然历史成本不属于决策的依据,那止盈其实也就是个伪命题了。事实上,在买入之前,就要做好卖出的预案。买和卖,其实是一体两面,是相互对应的。每个人在执行买入这个动作的时候都有自己的理由或者想法,你要做的就是记住这个理由或者想法。当这个买入的理由或者想法改变了,无论盈亏都应该执行卖出的这个动作。

第六章 长期投资

这里要注意一点，你的买入逻辑一定得是正确的，否则止盈逻辑也一定是错误的。比如"听信小道消息买入""朋友推荐买入""某某老师推荐买入""某某基金涨得好买入"这些都是常见的错误买入逻辑，大家一定要注意。

● 做好资产配置

"不要把鸡蛋放在一个篮子里"这句话很多人都听过，知道资产配置的重要性，但是实操起来出现了很多问题，核心还是在于没有选好不同的"篮子"。

P2P产品盛行的时候，很多投资者为了分散风险，把钱投入了不同的平台，有国资持股的，有老牌平台，有上市公司平台，还有排行榜评分很高的平台……但当P2P整个行业出现风险之后，几乎全部爆雷了，所以这种分散风险的方法是无效的。投资股票类资产也有同样问题。有些投资者把所有钱分别投入大盘蓝筹股、中盘股和小盘股，甚至分散到不同板块，然而股市下跌时，基本所有投资产品都会亏损。

所以在资产配置中，一定要均衡，股票类资产、债券类资产、现金类资产，甚至保险，都需要配置，这才是真正进行了风险分散。

资产配置的好处还不仅于此，它还可以让你有更好的投资心态和更多的投资机会。

投资中经常会出现一种现象，一个新投资者，想要尝试投资就拿出总资产的1%来试水。如果这1%很快翻倍了，就会给投资者带来极大的满足感和自信心，很容易会直接增加资金到100%。这时候只要资产下跌1%，前面的利润就全部消失了。如果继续下跌，亏损就会扩大，这时候投资者的心态失衡，容易进行更多不理性的操作，带来更大的亏损。

所以在投资前就做好资产配置非常重要，比如60%的股票类资产，就算下跌了20%，对于你的总资产也才减少了12%，这个时候你购买资产会更加便宜，甚至你可以用其他资产进行买入，进可攻，退可守，这才是一个舒服的投资状态。

建立非线性思维

许多投资者面对未知风险时都是极度恐惧的，不知道该怎么办，这时候一定要有非线性的思维。古人云："祸兮福之所倚，福兮祸之所伏。"市场大幅下跌未必是坏事，估值在下降，也带来了更多的投资机会；市场大幅上涨也未必是好事，风险都是涨出来的。

线性关系是指两个要素之间有固定的比例，其关系可以用一条直线来表述。所以线性思维往往是单向的、均匀的、直线的。

而非线性关系是两个要素之间不存在固定的比例关系，只能用曲线或不规则的线来表示。所以非线性思维可以帮我们在看问题时不被框住，从更深层的角度去看待、分析、理解这个复杂多变的世界。

线性思维是一种套用公式就会得到正确答案的直线思维方式，具有可预测性；而非线性思维则不能预测答案。

比如债券的本金和利息，就是典型的线性关系，我们可以套用公式算出到期时的本息和，投入的本金越多，收益越多。而股票市场的资金和收益则是非线性关系。因为股票市场未来的走势是非线性的，没有办法预测我们的投入与结果。

表6–6是2007—2017年中证500指数的年化收益率情况。

表6-6 2007—2017年中证500指数的年化收益率

年份	年化收益率（%）
2007	149.06
2008	-60.80
2009	131.27
2010	10.07
2011	-33.83
2012	0.28
2013	16.89
2014	39.01
2015	43.12
2016	-17.78
2017	-0.20

这11年间，中证500指数的年化收益率折算回来是11%。但是，大家可以看到这11%并不代表每年都是11%。

资本市场80%的长期收益是在20%的时间内获得的，但我们永远不知道那20%的时间什么时候到来。在一个非线性的世界，即使你一直在做正确的事情，你也不知道离趋势转换的临界点究竟还有多远。由于市场在80%的时间内都是震荡或下跌的，在20%的时间内完成大部分的上涨。因此我们要做的就是耐心等待，当上涨来临时，在场就好。

股市是一个典型的非线性系统，牛市只会迟到但从不缺席。学会用非线性思维去看世界、看投资，不要自作聪明地去猜测牛市什么时候来，也无须费尽心思去缩短积累期的时间。我们要做的，就是在熊市以较低的成本买入足够多的仓位，拉长时间，等待市场好转，就可以获取足够高的收益。

风险无处不在，但是风险之中也蕴藏着更多的机会，学会应对风险，就能把风险带来的机会，转化为我们未来投资的利润。

分散风险的重要性

投资最重要的是分散风险，自己先立于不败之地而后谋胜。

根据估值投资并做到适度的分散是普通投资者比较好的投资方式。但分散投资不是为了收益最大化，而是为了避免单点风险、降低波动、平滑收益曲线。而通过投资不同的资产类型，可以有效提高收益与风险比，达到上述目标。但分散投资不能消除全部风险，比如系统性风险就不能靠分散投资来消除。

分散风险的作用

大多数人对分散投资的理解就是将手头上的钱买入不同的股票、债券，这样可以避免因某一产品下跌而带来大幅亏损，相应地，也可以避免错过其他资产的上涨机会。分散投资还有另外一个好处，就是通过配置不同资产而得到一块免费的"蛋糕"。

诺贝尔经济学奖得主马科维茨的现代资产组合理论提出，如果在资产组合中加入新资产，就有可能在不降低资产组合收益的情况下降低风险，或者说，在不增加风险的情况下提高收益（见表6-7）。

表6-7 分散投资的作用

	100%美国股票	50%美国股票/50%美国投资级公司债券
年化收益率（%）	11.5	11.1
年波动率（%）	19.4	9.1
夏普比率（%）	0.59	1.22
最大回撤率（%）	-53	-30

注：数据范围为2002—2016年。年波动率、最大回撤率通常用来衡量风险，绝对值越大代表风险越高。

资料来源：五福资本、彭博社。

如图6-33所示，相较于单纯投资股票，将资金分散投资于股票和债券可以在几乎不损失收益的情况下有效地降低风险。

长期来看，股票、债券、黄金、原油、地产等大类资产相关性低，周期不同，很少同涨同跌，没有哪一类资产能够持续高增长。站在当下，既然我们无法预测未来哪个资产表现最好，可以采用分散投资的方式来平滑收益，避免投资单类资产失败的风险。以等额分散配置上述5类资产为例，回测数据显示，2003年至今，组合收益稳步上涨。

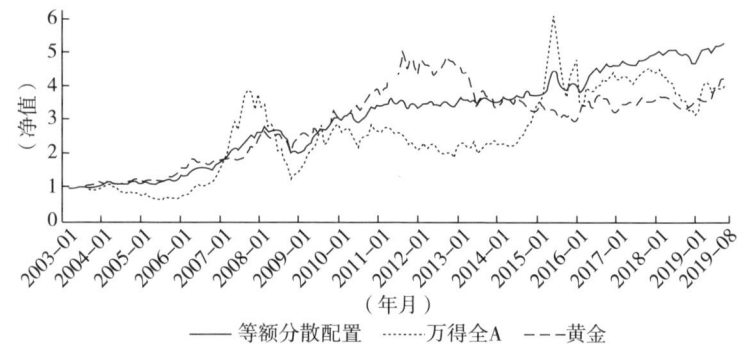

图6-33 分散投资的作用
资料来源：万得资讯、中原地产、且慢App。

如何分散风险

买指数而不直接买股票

有股票投资经历的朋友可能听过一句话："赚指数不赚钱。"这句话形容的是当市场整体上涨，处于牛市时，手中买入的股票却不涨。这是因为影响单一股票价格的因素非常多，普通投资者很难选到优质的股票。

而股票指数则不同，指数中包含了多只股票，有分散风险的作用。比如沪深300指数包含了A股市场中流动性好、规模大的300家公司的股票，这300家公司同时出现问题的概率非常低，即使其中几家出现问题对整个指数的影响也不会很大，这保证了我们不会因为一两家公司的问题而满盘皆输。

另外，不同股票指数在同时期的表现也可能差距非常大，例如沪深300指数在2015年的涨幅为5.58%，中证500指数则高达43.12%。因此，当你无法判断未来哪个指数会表现得更好的时候，在低估时期分散买入多只指数基金是不错的选择。

配置相关性低或者负相关的资产

分散投资发挥作用的一个前提是投资相关性较低或负相关的不同类型资产。需要注意的是，并不是分散的品种越多分散效果就越好，重要的是品种之间的相关性是否足够低，比如购买不同国家的股票指数，在购买股票的同时买入债券、大宗商品等资产。

简单来说，相关性低代表两个资产的涨跌是不同步的，有时你涨得多有时我涨得多；相关性为负代表两个资产是你涨我跌的关系。

相关性是分散投资发挥作用降低波动的关键，两个资产的相关性通常用相关系数（用 r 表示）这一指标来衡量。相关系数的取值范围为 $-1 \leqslant r \leqslant 1$，正数表示两个品种正相关，通常表现为同涨同跌，负数表现为涨跌不同步。一般来说，相关系数绝对值在 0~0.09 代表没有相关性，0.1~0.3 代表弱相关，0.3~0.5 代表中等相关，0.5~1 代表强相关。

表6-8回测了2007年7月1日—2017年6月30日大类资产的相关系数供参考。

表6-8 大类资产的相关系数

	德国 DAX	沪深 300	REITS	石油	10年期国债	黄金	创业板指	纳斯达克	美国10年期国债	H股指数	标普500	中证500	恒生综指
德国 DAX	1	0.161 08	0.411 28	0.328 22	-0.017 22	-0.040 3	0.113 9	0.460 24	-0.007 32	0.384 77	0.636 78	0.112 28	0.399 95
沪深 300	0.161 08	1	0.015 72	0.093 31	-0.031 14	0.066 15	0.675 36	0.041 32	-0.008 87	0.569 77	0.089 23	0.888 77	0.543 75
REITS	0.411 28	0.015 72	1	0.258 73	0.049 04	-0.000 2	0.056 52	0.646 2	-0.011 07	0.107 81	0.791 08	-0.000 25	0.111 53
石油	0.328 22	0.093 31	0.258 73	1	-0.041 17	0.025 57	0.067 1	0.251 35	0.016 05	0.160 58	0.391 19	0.073 83	0.163 14
10年期国债	-0.017 22	-0.031 14	0.049 04	-0.041 17	1	0.019 91	-0.007 41	-0.008 22	0.014 65	-0.026 57	-0.005 36	-0.023 39	-0.034 52
黄金	-0.040 3	0.066 15	-0.000 2	0.025 57	0.019 91	1	0.037 54	-0.030 8	0.022 88	0.132 51	-0.023	0.050 68	0.133 65
创业板指	0.113 9	0.675 36	0.056 52	0.067 1	-0.007 41	0.037 54	1	0.073 99	-0.014 65	0.348 21	0.087 11	0.880 48	0.359 64
纳斯达克	0.460 24	0.041 32	0.646 2	0.251 35	-0.008 22	-0.030 8	0.073 99	1	0.001 05	0.163 97	0.711 84	0.016 69	0.165 33
美国10年期国债	-0.007 32	-0.008 87	-0.011 07	0.016 05	0.014 65	0.022 88	-0.014 65	0.001 05	1	0.009 48	-0.015 03	-0.004 70	0.003 49
H股指数	0.384 77	0.569 77	0.107 81	0.160 58	-0.026 57	0.132 51	0.348 21	0.163 97	0.009 48	1	0.237 37	0.442 75	0.968 6
标普500	0.636 78	0.089 23	0.791 08	0.391 19	-0.005 36	-0.023	0.087 11	0.711 84	-0.015 03	0.237 37	1	0.058 75	0.243 13
中证500	0.112 28	0.888 77	-0.000 25	0.073 83	-0.023 39	0.050 68	0.880 48	0.016 69	-0.004 70	0.442 75	0.058 75	1	0.435 52
恒生综指	0.399 95	0.543 75	0.111 53	0.163 14	-0.034 52	0.133 65	0.359 64	0.165 33	0.003 49	0.968 6	0.243 13	0.435 52	1

注：创业板指（2010年6月1日开始），10年期国债（2008年1月2日开始），美国10年期国债数据为TNX，石油数据为Nymex原油，黄金数据为AU9999，REITS数据为美国房地产指数（MSCIUSREITINDEX）。

资料来源：且慢投研。

所以，分散风险要从以下 3 个维度去考虑。

- 跨市场投资：分散单一市场风险，比如购买不同国家的股票基金和指数。
- 跨品种投资：分散单一品种风险，比如购买股票、债券、商品等不同资产。
- 同一市场分散投资：分散单一持仓风险，比如购买指数而不是单一股票。

第七章　保险保障

保险保障对应四笔钱资产配置框架中的保钱部分，通过保险进行人身风险、家庭风险的转嫁，防止因病返贫、意外返贫的发生。保险产品和条款纷繁复杂，本章主要为大家讲解保险的价值、五大保单以及不同家庭应该如何配置保险。

投资者为什么要配置保险

● 投资规划更安心

我们在做投资时，规划了活钱管理、稳健理财、长期投资，但无论是预期管理还是资金规划，都无法解决预期外事件带来的巨大资金缺口问题。人生"黑天鹅"事件可能导致的大额开支对我们的投资账户来说，就如同悬着的一把达摩克利斯之剑。

举个例子，某人运用所学知识进行投资，10万元本金在10年后变成20万元。结果忽然有一天重病来袭，巨额的治疗费用让10年的积累一分不剩，投资的本金及收益全部用来看病，这对其是财务上的重大打击。

保障型保险则是在不确定的未来中，为生活托底，避免在风险发生的时候抽出本金（尤其是长期投资的钱），承担不必要的损失。

保险具备小保费、大保额的作用，让稳钱更稳，长钱更长，投资规划更安心。有了合适的保险，投资规划不容易被迫中断。因此，保险也是我们能坚持长期投资的重要保证。

● 投资结构更稳健

投资者如果把全部资产投入权益市场，当遇到大幅下跌时，心里往往会发慌。赎回不甘心，持有无信心。

从投资收益角度，结合桥水基金的"风险平价"理论来看，投资组合的收益率可以看作各部分收益率的加权平均。像年金险或者增额终身寿险这类储蓄型保险产品，最主要的特点是安全性和确定性，收益性较弱。

在配置时，适当选择这类安全性和确定性特点突出的产品，再配合基金组合等权益类产品，可以平滑收益曲线，实现自己的综合收益目标。

● 风险管理更充分

我们常常专注于日常的工作生活，关注资本市场动态，却容易忽略对自身的风险管理。保险正是在提醒我们，不仅资金规划需要考虑风险管理，人生也一样。

在每个人的生命过程中，经济状况、生活状态、生活预期和需要承担的责任都在不断地变化。我们最好定期检视保障的充裕度，及时查漏补缺，充分做好保障，在日常生活中践行长期主义。

正确认识保险

● 保险公司不会故意拒赔

一些人认为保险公司靠故意拒赔赚钱。其实不然。保单是一纸合同，约定了双方的权利和义务，能不能赔付取决于投保时是否符合健康告知、合同条款等。跟你选哪家保险公司，你认不认识业务员，没什么关系。

从保险公司盈利的角度来说，主要的盈利来源在于利差。简单来说，就是保险公司运用保费获得的实际投资收益与需要支付的业务资金成本的差额。同时，保险公司受到国家金融监督管理总局（原银保监会）的严格监管，恶意拒赔是不被允许的。况且，每家公司都想维护品牌形象，恶意拒赔这种事情，得不偿失。

很多人没有读懂保单，认为出了事只要保险公司不赔，就是骗人的。如果能读懂保单条款，就能理解保险公司拒赔的原因了。反过来说，如果了解哪些情况不能赔及其原因，心中有数后，对于保险理赔也就不会担心了。

总的来说，保险公司拒赔有以下 3 种情况。

不在保障范围内的不能赔付

依前文所述，保单是一纸合同，保单里面会写明保险公司的责任，即保障哪些范围，而不在范围内的不能赔付。

对于重疾险，罹患合同内约定的疾病、实施某种治疗或者达到约定的状态就可以一次性获赔保额。

对于医疗险，可以报销生病后的住院费、手术费、药品费等各项治疗费用，一般也能报销社保外的自费药和进口药，不过要注意大部分百万医疗险会有免赔额和医保先行报销要求，还有像普通门诊、分娩这些项目普遍不报销。

对于意外险，意外身故、伤残直接赔保额或部分保额，意外医疗也能报销，关键词就是意外，如果是疾病导致的就不行了。

对于定期寿险，其责任比较简单，就是在身故或全残时直接赔保额。

在保险行业野蛮生长的早期，产生的大部分纠纷，基本来自业务员对保障范围解释不到位。例如，业务员拿着一份意外险跟消费者承诺"什么都保"，当被保险人住院看病时申请理赔，自然就被拒赔。

近几年，随着监管力度的增强，保险行业也逐渐规范起来，销售误导现象明显减少。很多地方在投保时要求"双录"，即在销售过程中，关键环节以现场同步录音录像的方式予以记录，以规范保险公司销售行为和保障投保人利益。

免责条款内的情况不赔

除了要注意保障什么，也要注意不保障什么，做到心中有数。保险条款中会有加粗标注的"免责条款"，也就是说当发生这些情况时，保险公司不赔付。大家在投保前，可以仔细看看这些不赔付的情况。

对于重疾险，既往症及其并发症、先天性畸形、变形和染色体异常、遗传性疾病等情况不会赔付。

对于医疗险，慢性病、牙科治疗、美容康复等非治疗行为不会赔付。

对于意外险，中暑、高原反应、药物过敏、高风险运动等情况不会赔付。

对于定期寿险，如有故意杀害、故意伤害等违法犯罪的情况，不会赔付。

健康告知隐瞒

投保重疾险、医疗险这类健康险前，需要进行健康告知，有点类似问卷调查。一般会问过往病史、家族史、近期体检结果，是否在近 2 年内住院，是否吸烟，等等。线上投保的话，根据自身情况，在手机上点击"是"或者"否"即可。

如果不符合健康要求，在问卷结束后会显示不能投保，如果执意投保，在未来出险时，保险公司调查发现投保人之前对健康情况有隐瞒，是有可能拒赔的。实际上，有相当多的拒赔案例就是在健康告知环节出了问题。所以，在做健康告知时，一定要诚实回答。

● 保险不是想买就能买

很多人都不知道，保险不是我们想买就能买的，需要符合一定条件才能买。主要有三方面的条件，即年龄、职业和健康告知。

年龄

总的来说，年龄越大，风险越高，保费也就越贵。但到了一定年龄，许多保险也不能再投保了。重疾险和定期寿险的最高投保年龄通常在 55~60 周岁，医疗险在 60 周岁左右。如果超过 60

岁，一般只能考虑意外险和防癌险（只保癌症的医疗险）。

职业

不少保险对高风险职业都有限制，特别是意外险。投保时需要查看自己的职业是否在承保范围内。

健康告知

投保时最重要的是健康告知，它是影响理赔的关键因素，大家一定要认真对待。很多人生病了或者体检有异常了才想到要买保险。但如果被保险人已经生病了，发生风险的概率很高，保险公司是不愿意承保的。当然，现在也有部分产品是针对特定疾病人群定制的，不过这类人群也需要符合其他的健康标准。

目前大部分产品还是针对健康人群设计的，投保时保险公司会围绕身体状况提问，要达到要求才能购买。很多常见的小问题，如甲状腺结节、乙肝携带、胃炎、结石、肥胖等，都会影响保险购买。

我们常见的保险大多是有限告知，投保人只需要根据保险公司提出的问题回答"是"或者"否"，没有问到的问题就不用回答，也不用为了回答健康告知而专门去做体检。如果在投保前的体检及看病中从来没有发现过健康告知中提到的症状，就视同没有问题。

那如果不符合健康告知就不能买保险了吗？也不是的。还有机会通过核保的方式获取投保资格。保险公司会让投保人针对健康异常的部分，单独提供病例、检查结果等资料，进而评估风险情况，从而决定要不要承保。一般核保会出现如表7-1所示的几种结果。

表7-1 核保结果及解释

核保结果		解释
可投保	标准体	按正常费率买
	加费	在正常费率基础上加钱买
	除外	约定某个病不保，其他照常保障
不可投保	延期	风险不确定，需要观察一段时间
	拒保	超出保险公司接受范围，不让投保

现在很多线上产品提供了智能核保，在网上回答几个问题，就可以知道核保结果，非常方便。

保险公司的安全性很高

先说结论，无论是大保险公司还是小保险公司，安全性都非常高。

其实，保险行业的"小公司"，门槛也是非常高的。大多数保险公司，注册资金实缴都在10亿元以上。

另外，不管保险公司的规模如何，都受到国家金融监督管理总局的监管，且我国保险在监管方面极严，处于世界顶尖水平。保险公司破产是概率极低的事件。

《保险法》第八十九条规定：

> 保险公司因分立、合并需要解散，或者股东会、股东大会决议解散，或者公司章程规定的解散事由出现，经国务院保险监督管理机构批准后解散。经营有人寿保险业务的保险公司，除因分立、合并或者被依法撤销外，不得解散。保险公司解散，应当依法成立清算组进行清算。

万一破产怎么办？

经营有人寿保险业务的公司，原则上不得解散。这些公司的资金情况、偿付能力，每个季度都要向监管部门汇报。如果要解散，在流程上也是受严格控制的，要经相关部门批准才可以。

在保险公司发生重大经营风险时，监管部门会提前介入，适当动用保险保障基金，帮助保险公司走回正轨，比如之前的新华保险和安邦保险。如果保险公司最终还是要破产，保险合同也会在监管部门的指导下转让给其他保险公司，投保人的利益不会受到损失。简单来说，只要是满足监管要求的保险公司，其安全性几乎不用担心。

《保险法》第九十二条规定：

> 经营有人寿保险业务的保险公司被依法撤销或者被依法宣告破产的，其持有的人寿保险合同及责任准备金，必须转让给其他经营有人寿保险业务的保险公司；不能同其他保险公司达成转让协议的，由国务院保险监督管理机构指定经营有人寿保险业务的保险公司接受转让。

至于略有争议的重疾险、年金险，是否也能像人寿保险合同那样在保险公司破产时将合同转让给其他保险机构？根据2022年12月12日实施的《保险保障基金管理办法》，除人寿保险合同外的其他长期人身保险合同，其救助标准按照人寿保险合同执行。

也就是说，不管保险公司破产与否，我们手中的保单都是安全的。

买保险的六大原则

随着保险的普及，越来越多的人意识到保险的重要性。那么一个家庭该如何配置保险呢？可以用以下六大原则解决我们实操过程中的难点。

● 贡献最高原则——解决给谁购买的问题

家庭中哪个成员最不能缺保险？应该先给谁买，父母、孩子、还是自己？这是很多人经常会问的问题。

保险属于一种金融工具，所以最好按照家庭的经济贡献程度决定购买顺序。谁是家庭经济的顶梁柱，就要把谁放在购买保险的第一位置上，因为家庭经济顶梁柱的赚钱能力最需要得到保障。一旦顶梁柱生病了，家中经济来源将中断，家庭将面临成员生病和经济受损的双重压力。只有保障了顶梁柱的赚钱能力，家庭财富才能够源源不断地增长。所以，最好先给顶梁柱买好保险，再给老人和孩子购买。

当然，任何事情都不绝对，如果家庭成员对家庭的经济贡献程度相似，就需要同等对待。

总的来说，谁的收入高先给谁买，谁的工作性质危险先给谁买，谁的身体健康先给谁买。所以，整体的购买顺序是：家庭经济顶梁柱＞次家庭经济顶梁柱＞无收入者。

● 风险最大原则——解决买什么险种的问题

确定了家庭成员的购买顺序后，再来看险种的购买顺序。

在险种的购买顺序上，需要考虑的是什么风险发生后，对家庭经济打击最大，就需要优先配置这个风险对应的险种。

一般情况下，家庭经济顶梁柱面临的最大风险就是"疾病风险"。正值事业上升期，家庭经济顶梁柱一旦生病住院，不仅要花费巨额的医药费，还会影响家庭收入。因此，重疾险和医疗险是家庭经济顶梁柱的必备险种。此外，家庭经济顶梁柱还必须配置寿险和意外险。尤其是有房贷、车贷等负债的家庭，寿险更是家庭经济顶梁柱的必备险种。建议寿险的保额不能低于贷款金额，保障年限不能低于贷款的还款年限。

下面说说孩子的险种购买顺序。孩子抵抗力较弱，容易生病住院，有时候小小的感冒都可能导致入住重症加强护理病房（ICU）。所以，医疗险是应对此风险的最佳险种。重疾险主要起到收入补偿作用，虽然孩子没有收入来源，但这并不意味着孩子不需要重疾险。一旦孩子罹患重大疾病，往往有一方父母专职陪同就医，影响家庭收入来源。从这个角度来说，最好在医疗险的基础上搭配一份少儿重疾险，来应对儿童白血病之类的儿童高发重大疾病。此外，孩子活泼好动，容易磕磕碰碰，意外险也是孩子必备险种之一。

老年人受年龄和健康状况影响，投保难度加大。比如重疾险，老年人即使能通过健康告知程序，往往也会遇到保费高保额低，投保不划算的问题。虽然商业保险对老年人有诸多限制，但还是有部分险种比较适合老年人的。比如百万医疗险和综合意外险，即使是老年人投保，杠杆也是很高的。当然，如果因为健康原因不能投保，也可以考虑下防癌险以及政府牵头的惠民保。

第七章　保险保障

占比合理原则——解决保费预算问题

保费预算以保障充分且不影响正常生活为宜,可以按照家庭习惯灵活调整,没有统一标准。这里介绍一些主流的保费占比方案供参考。

很多人会使用"4321定律"来做资产配置。"4321"是指将资金的40%拿去投资成长性较好且有不错收益的资产,30%作为衣食住行等生活开销,20%储蓄起来作为备用金来应急,剩下10%配置保险。同时采取一种恒定混合型投资策略,即某种资产价格上涨,就相应减少这种资产总额,将其分配到剩余的资产当中,使资产配置比例恒定在4:3:2:1。

除了按照"4321定律"分配资产,还有一种是按照年收入来确定保费预算的办法。根据生命阶段、家庭结构等影响风险承受能力的因素,结合自身经济状况及风险偏好,保费预算可按照家庭年收入的5%~20%,动态调整(见表7-2)。

表7-2 保费预算确定方法

家庭结构	生命阶段				
	25岁以下	25~35岁	36~45岁	46~60岁	60岁以上
单身贵族	5%	7%	10%	7%	5%
两人世界	8%	10%	13%	10%	8%
家里有娃	10%	12%	20%	15%	10%
三代同堂	10%	15%	20%	17%	10%

损失覆盖原则——解决保额买多少的问题

保额是保险金额的简称,指出险后保险公司赔付的最高限额,同时也是计算保费的主要依据。说白了，保额就是发生风险时，这张保单最多能赔多少钱。

投保时该选择多少保额，由多种因素决定，主观上取决于自身的需求和经济能力。保额越高，抵御风险的能力越大，当然保费也会水涨船高。所以我们在投保时，选择的保额既不能因过高而超出自己的支付能力，也不能因过低而造成严重的保障不足。

保险的作用是抵御风险，而保额的高低决定了抵御风险能力的大小。如果一份保险的保额太低，意味着一旦发生风险，即使理赔也解决不了全部问题，仍有风险敞口，这就失去了购买保险的意义。但保险的保费在很大程度上由保额决定，保额越高，保险的保费就越贵。对一般家庭来说，保费超额支出会严重影响家庭的生活质量，增加经济负担。情况严重的话，保费无以为继，甚至会出现断交及退保现象，不仅造成保障缺失，还可能产生金钱损失。

如此看来，保险的保额只有买得合适（保费在承受范围内，且有充足抵御风险的能力），才是最佳的选择。那重疾险、意外险、医疗险、寿险，以及为养老准备的商业年金险我们都买多少保额合适呢？可参考表7-3。

表7-3 保额选择

产品类型	保额的测算逻辑
重疾险	个人年收入×时间系数（3~5年）
意外险	家庭剩余应还贷款总额+个人年收入×时间系数（3~5年）
医疗险	跟随市场主流产品保额即可（普通医疗保额100万元及以上，大病保额300万元及以上）
寿险	家庭剩余应还贷款总额+个人年收入×时间系数（3~5年）
商业年金险	退休前年收入×60%×时间系数（到平均死亡年龄或保证20年）

长期关键原则——解决保障多长时间的问题

对于商业保险，我们始终强调，大人优先于小孩，保障型产品优先于储蓄型产品，预算规划优先于产品选择，保额规划优先于保障期限选择。

关于保障期限，我们在符合上述原则后，如果预算充足，那保障期限肯定是越长越好。在预算不充足的情况下，则重点保障以下3个阶段。

第一阶段，青年事业打拼期。快节奏的时代，年轻人埋头奋斗，往往忽略了"革命的本钱"。《中国家庭报》联合微医研究院共同发布的《一线城市白领健康状况及就医行为报告》显示，一线城市白领患恶性肿瘤的平均年龄已经从原来的36.65岁下降到35.86岁。工作事业蒸蒸日上之时，不要忘了未雨绸缪，做好底层保障配置。

第二阶段，中年疾病高发期之前。根据中国癌症研究中心数据，随着年龄的增长，癌症在50~75岁发病率曲线增速明显。考虑到食品安全及环境等问题，该年龄段非健康体概率高，投保时可能存在需要人工核保或被拒保的情况。所以保障规划方案尽可能在身体健康时期就配置完毕。

第三阶段，家庭贷款还款期。据统计，2019年，我国家庭负债率超过55%，这个数据在2008年的时候还是20%，十年间增长了2.5倍。高负债率的背后往往有着不小的隐患，一旦家庭成员陷入疾病和意外的困境，负债会压垮家庭经济。所以保障期限应尽量覆盖到还款期限的结束。

费用分摊原则——解决怎么交保费的问题

优先考虑长交费期（如 30 年）和高交费频率（月交）。

交费时间越长，交费频率越高，杠杆作用越明显。举个例子，同样是投保后第 10 年出险，如果选择了 10 年交费，此时全部保费都交费完毕，但选择 30 年交费的话，相当于仅交纳了 1/3 的保费，却获得了同样多的理赔款。另外，目前很多保险带有豁免功能，即如果投保人/被保险人，罹患轻症、中症、重疾，后续的保险金不用交纳，保障依然持续。从这个角度来说，交费时间越长，交费频率越高，用小保费撬动大保额的效果更明显。

当然结论也不是固定的，要结合个人财富收入的周期性来衡量。在极速创富阶段，如做生意，可以在收入多的时期选择中短期交费，防止后期收入不稳定导致交费压力大。

常见的五大保单

重疾险

提到买商业保险，大多数人的第一反应就是买重疾险。

没错，最难过的莫过于人在医院躺着，家人为医药费四处筹措。生病不仅导致花销增加，还会耽误工作，家里少了份收入来源更是雪上加霜。这时候，如果有一份重疾险就可以发挥相应的作用。重疾险转移的是重大疾病风险，当被保险人符合合同约定，确诊了保障范围内的重大疾病、达到约定的疾病状态或者进行了相应的手术，保险公司就会一次性赔付保险金。

其实，重疾险的意义并不仅局限于避免没有足够的钱治病，因为罹患重疾后，被保险人通常丧失工作能力，重疾险就能作为对收入损失的补偿，患者可以自由支配到手的保险金。

虽然目前重疾险保障的疾病可能多达上百种，但是前 28 种重大疾病是监管部门规定必保的，并且这 28 种重大疾病占据了高发重疾的 95%，也是理赔最多的重大疾病。同时，无论在哪家保险公司，这些疾病都是按照统一标准来赔付的。从这个角度来说，选择重疾险时，无须一味追求其保障疾病的数量。

除了达到重大疾病的理赔条件，现在主流的重疾险还有对一些轻症、中症的赔付，它们对应的是重疾相应病种的轻度状态。重疾险还可以附加很多其他责任，如重疾二次赔、癌症二次赔、重度医疗津贴，等等。但这些责任并不是赠送的，每附加一项就要多一些保费，是否选择附加责任，我们还是要根据自己的情况综合决定。

挑选重疾险需要注意以下事项。

保额是第一要素，保额的多少决定了出险时能赔付多少保险金。如果保额低，出险后不能全部解决家庭经济问题，依然存在风险敞口。目前建议成人保额配置到 50 万元，儿童配置到 60 万元（基于少儿重疾险保费较为便宜、保障期限更长以及通胀问题考虑），如果家庭年收入高，可继续增加保额。

保障期限是第二要素，在保额优先的情况下，尽可能拉长保障期限，再去考虑其他附加责任。

身故责任不是必选项，更适合预算充足的朋友。而且，就性价比来说，单独选择定期寿险保障身故责任更合适。

如果想要投保多次赔付的重疾险，要注意疾病分组和间隔期的概念。

◉ 意外险

顾名思义，意外险就是保障由意外引起的身故、伤残、医疗，如摔伤、烫伤、扭伤、车祸等，都在保障范围内。

日常语境中，意外通常指意想不到的事情，但意外险对于"意外"有特殊定义。理赔必须满足外来的、突发的、非疾病的、非本意的。举个例子，我们看新闻说某某明星猝死，已经够令人意想不到了吧？但猝死不满足意外险理赔条件，因为猝死属于因自然疾病导致的突然死亡，不符合非疾病的定义。不过，目前有些意外险为了顺应市场需求，单独附加了猝死保障责任。

常见的意外险主要有两类：一类是 1 年期的意外险，另一类是长期意外险。

1 年期意外险就是我们现在看到的，保障期限只有 1 年，涵盖意外身故/伤残、意外医疗等责任。1 年期意外险的价格并不高，一般建议直接买到产品的最高保额。通常一个产品有多个版本可以选择，主要区别在于保额和保障内容的不同，保额越高或保障内容越多、保费就越贵，可按需选择。

在长期意外险产品中，驾乘险比较多见，在驾驶场景下发生意外通常赔付额度更高，但这类产品通常是返还型，价格贵，会占用很大一部分的保费预算，而意外医疗部分保额低、保障不足。一般不建议配置长期意外险。

挑选意外险需要注意以下 3 个事项。

- 注意意外医疗的额度：相比于意外身故/伤残，意外医疗的使用频率更高。
- 关注理赔的免赔额、赔付比例、报销范围：免赔额越低越好，赔付比例越高越好，不限社保报销更好。
- 尽量涵盖猝死责任：可以尽量选择单独附加了猝死责任的意外险，使保障更全面。

医疗险

很多人觉得有了医保，就不需要再买医疗险了。但对普通人来说，在有余力的情况下，最好补充一份医疗险，因为还有很多医疗费用是医保不能报销的，我们通常称之为"医保范围外"。而医保范围内的医疗费用还要受到起付线、封顶线、报销比例的限制。

如果不幸得了大病，医保显得有些杯水车薪。医疗费用是摆在眼前的主要需求，这关系到患者能不能接受治疗。我们在社交平台上看到的互联网大病筹款，求助的也是这种救命钱。这时就需要医疗险来填补这项风险敞口了，推荐选择百万医疗险。

百万医疗险主要保障住院医疗。一般来说，百万医疗险的报销是经社保报销后，超过免赔额（通常1万元）部分，不限社保范围，昂贵的自费药、靶向药也能报销。

与重疾险相比，百万医疗险的优势在于不限制病种。举个例子，如果不小心骨折了，需要住院，百万医疗险就能报销符合规定的医疗费用。而对于重疾险，骨折不属于重大疾病，不能获得理赔。也就是说，百万医疗险的使用门槛相对更低。

从给付方式上来说，百万医疗险是报销制，只针对医疗费用给予补偿，不会多给；重疾险是给付制，不管花了多少医疗费，只要满足理赔条件，就能一次性给付保额（见图7-1）。

保障内容上的差别

百万医疗险	+	重疾险
·保障住院医疗费用 ·住院前后门诊 ·门诊手术以及特殊门诊		·保障合同约定的重大疾病 ·以及轻症、中症

理赔方式上的差别

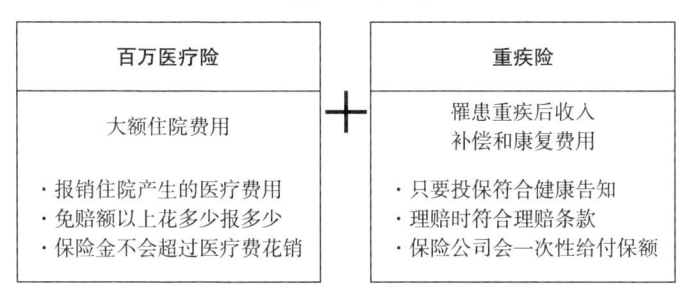

百万医疗险	+	重疾险
大额住院费用 ·报销住院产生的医疗费用 ·免赔额以上花多少报多少 ·保险金不会超过医疗费花销		罹患重疾后收入 补偿和康复费用 ·只要投保符合健康告知 ·理赔时符合理赔条款 ·保险公司会一次性给付保额

图7-1 百万医疗险与重疾险的差别

总的来说，二者搭配起来效果更好。百万医疗险能保障我们即使生大病，面对动辄几十万的医疗费，也能治疗得起；重疾险保障我们生病后即使无法工作，失去经济来源，家里的生活也能照常继续。

百万医疗险的投保年龄要求通常在60岁以内，性价比非常高，几百元的价格就可获得上百万元的报销额度，如果符合健康告知要求，最好配置一份。

挑选百万医疗险时，有两点需要注意：一是注意健康告知，百万医疗险的健康告知一般比较严格；二是看它是否包含提前垫付、绿色通道以及院外购药等项目，挑选时最好优先选择包含这些服务的百万医疗险。

还有一种高端医疗险，它与普通的百万医疗险的最大区别是，高端医疗险是针对高端人群设计的，有更多的增值服务。比如，不限制就诊医院，私立也可报销；有直付，无须自己先行垫付医疗费用；不限地区，境外也能报销等。不过高端医疗险的价格更高，基本在4 000元以上，需要量力而行。

寿险

寿险是以被保险人身故/全残为理赔条件的险种，无论是疾病还是意外导致的，只要达到理赔条件，都是直接给付保额。寿险通常分为定期寿险和终身寿险。

定期寿险是家庭经济顶梁柱的必备险种，家庭经济顶梁柱的突然身故不仅会让整个家庭的经济收入受到冲击，很多时候还可能会面临贷款断供的风险。当然，在预算充足的情况下，全职太太/先生也可以配置定期寿险。

定期寿险加入了保障期限的约束，所以保费相对较低，从而杠杆较高。以30岁男性为例，每年1 000余元的保费，交费30年，可以买到100万元的保额。因此，在选择定期寿险时，保额最好完全覆盖家庭年收入的3~5倍+负债总额，保障期限最好覆盖到退休年龄。

终身寿险相当于一张100%中奖的彩票，无规定期限，保额固定，身故即赔付。由于终身寿险具有确定性，所以价格更高。如果想通过保险实现定向传承，可以选择终身寿险。通常终身寿险受益人默认为法定受益人，也可以指定具体受益人和受益比例，达到定向传承的目的。

还有一类产品叫增额终身寿险，与普通的终身寿险不同，它的保额是以固定速度增长的，通常可以用来实现养老的需求。对于增额终身寿险，身故保障不是主要目的，更应该看重现金价值的增长速度。对于日后提取现金流，可以通过部分减保的形式领取对应部分的现金价值，总体来说资金使用的灵活度比较高。

需要注意的是，寿险和意外险虽然都有身故责任，但二者不能相互替代。意外险的身故责任，限制在"意外"的情况下，因为生病导致的身故不能赔付。寿险的身故保障就全面很多，除了免责条款里的情况，无论意外还是疾病身故都能获得赔付。此外，寿险解决的是家庭责任的问题，最大的特点就是高保额，可覆盖家庭成员突然身故带来的收入骤减＋高额负债的问题。所以，意外险和寿险对于家庭经济顶梁柱来说需要同时配置。

年金险

基金、股票或许能提供不错的收益，但如果想要有长久、稳定的现金流来实现养老需求，也可以通过年金险来解决。当然，对于有丰富的投资经验，可长期稳定赚取年化6%以上的回报，以及自己本身就有持续稳定的现金流的人来说，年金险并不一定是最优选择。这部分人完全可以通过自己的投资能力，获得更有品质的养老生活。

但对以下3种人来说，年金险是一个非常适合的选择。

- 追求稳健、接受零风险＋低收益的人。
- 希望按年或按月固定领取养老金的人。
- 不想费心研究投资，害怕自己的养老金受市场波动影响的人。

相比投资理财，年金险具备以下 3 个特有的功能。

- 强制储蓄：在选择交费时间后，必须按时交纳保费，一旦停止交纳并超过宽限期，合同就会失效，只能退现金价值，本金有损失。
- 强制锁定：在到期领取前，中途不可随意支取。若有急用提前支取，只能通过保单贷款的方式来获得现金流，需在约定期限还款，并支付对应利息。
- 保证领取：年金险会在合同中约定好具体领取时间、领取金额等，不会有负收益的情况。

年金险的本质可以用一句话来概括：在确定的时间，把确定的钱，留给确定的人。通常的表现形式是，现在一次性或分 3/5/10 年交费，固定时间可以领取，领取的金额是合同约定好的。

年金险和上面提到的增额终身寿险，都是储蓄性质的保险。区别主要在于年金险只能在规定的时间领取规定的金额，是一种被动现金流。增额终身寿险灵活性更强一些，需要自己主动触发现金流。

在挑选年金险时，有几个需要注意的事项。

第一，不要过分追求年金险的收益。目前市场上年金险收益率相差不大，一般年化在 3.47%~3.49%，如果投入的资金不是足够多，过分追求 0.01% 的年化收益率意义不大。

第二，把精力主要放在领取上。有些年金险是前期领取少、后期领取多；有些是固定领取；有些还会有额外的祝寿金等。可根据自己使用需求选择对应领取方式的产品。

第三，是否可以加保。加保可以理解为把年金险看成一个储蓄账户，可以随时追加储蓄，以后领取的会更多。目前可随时追加的养老金产品并不多，可按需选择。

如何为不同家庭成员配置保险

如何给孩子买保险

大人、孩子，先为谁买

在了解孩子的保险该怎么买之前，我们再重申一下前面提到的投保顺序。

所谓"父母之爱子，则为之计深远"，父母恨不得一切都给孩子最好的。但在保险这件事上需要转变下思维，不少父母为了给孩子360度无死角的保障，给孩子买了一堆保险，自己却在"裸奔"，或者是孩子的保费占比很高，自己的保费预算却很少。

我们需要明白，保险保障的是未来的财务损失。对家庭来说，父母才是孩子最好的保险。如果自己罹患疾病，或者因为罹患疾病无法工作，会直接导致家庭的财务危机，那孩子的生活费、兴趣班费都会成问题。所以作为父母，在给孩子配置保险前，应该先把自己保障好。也就是常说的先大人、后孩子。

教育金保险值得买吗

国人喜欢储蓄，所以在买保险的时候，希望保险还能有一些储蓄功能,甚至优先给孩子买一份储蓄性质的保险产品,想着如果没有出险,保费也不至于打水漂。

保险的本质是风险的转移,保障才是根本。目前带有储蓄性质的保险产品几乎没有保障功能。一旦罹患重疾,或者产生较大的住院费用时,这些保险是解决不了问题的。对大多数家庭来说,保障才是第一位的。如果保障已经很足了,再考虑通过保险来给孩子做教育金规划。

孩子需要哪些保障

在给孩子买保险时,应该先明确自己的预算,再谈想给孩子什么样的保障。一般来说建议参照表7-4的顺序给孩子买保险。

表7-4 儿童投保优先顺序

险种	保障内容	优先级	投保建议
少儿医保	属于国家福利,作为基础保障比较全面	★★★★★	一定要参加
重疾险	弥补因为孩子罹患重疾造成家长工作搁置、失去经济来源而带来的损失	★★★★	购买消费型重疾保障至成年,预算充足可以考虑终身
意外险	由交通事故、摔伤、磕伤、猫抓狗咬等意外导致的伤害,包括意外身故和伤残	★★★	建议投保性价比高的1年期产品
医疗险	弥补因疾病住院带来的费用支出	★★★	优先考虑百万医疗险,解决大额的住院医疗费用
教育金	分红型、储蓄型、年金险等	★	在配齐所有保障性质的保险后,再考虑储蓄性质的保险

1. 先给孩子办好少儿医保，享受到国家基本保障的福利。有少儿医保再投保商业医疗险时，保费一般也有所优惠。

2. 孩子需要买重疾险，虽然孩子不承担家庭经济责任，但是一旦罹患重疾，至少有一方家长要陪护，影响正常工作。此时孩子的重疾险如果能赔付一笔保险金，就可以弥补家庭经济损失。

可以根据家庭的预算来给孩子配置重疾险。如果预算不多，选择保障到孩子成年或者保障到 70 岁的定期重疾险就可以。如果有一定的预算，想给孩子更长久的保障，可以考虑保障到终身。重疾险的保额一定要充足，一般建议 60 万元保额起步。

3. 小孩子活泼好动，磕磕碰碰少不了，意外险对小孩子来说很实用。挑选儿童意外险，建议考虑以下几点：意外医疗额度、意外伤残赔付、是否可赔付社保外用药、免赔额和报销比例。绝大部分意外伤害需要门诊和住院治疗，所以意外医疗这项责任是非常重要的，建议优先考虑没有免赔额，不限社保用药，且报销比例为 100% 的产品。

对身故责任来说，国家有相应的规定，为防范道德风险，未成年人身故保额有限额，10 岁以下身故赔付不能超过 20 万元，10～18 岁身故赔付不能超过 50 万元。虽然意外身故保额有限额，但意外伤残没有限额，且意外伤残和意外身故共用保额。所以预算充足的话保额也尽量选择高一些，毕竟意外伤残的概率要大于意外身故。

4. 孩子也应该配置一些医疗险，常见的分类一般有 3 种：小额门诊医疗险、小额住院医疗险、百万医疗险。

小额门诊医疗险，顾名思义就是额度较低，主要用于门诊看病。通常情况下免赔额高，报销比例有限制，且保费比较贵。考虑到一般的门诊疾病花费都能自己承担，可以风险自担，小额门诊医疗险不是配置的必选项。

小额住院医疗险，主要是解决住院医疗问题，额度较低。一般没有免赔额，如果孩子身体比较弱，可以考虑同时配置小额住院医疗险和百万医疗险，小额住院医疗险能解决百万医疗险的一万元免赔额缺口。

百万医疗险，也是建议孩子配置的，主要解决较大的住院费用，兜住家庭无法承受的大额医疗费风险。一般保额充足，且保费相对便宜。

如何给自己买保险

与疾病风险有关的保险

在险种选择上，第一要考虑的是医保。作为国家的福利，无论什么年龄，第一份保险产品都应该是医保。

第二是重疾险。作为给付型保险，理赔成功一次性赔付保额。正因如此，重疾险能承担因患重疾而导致的收入损失，且重疾险不存在续保难的问题，一般连续保障几十年或者终身，能提供长久稳定的保障。

第三是医疗险。虽然有医保了，但因较为严重的疾病住院，所需的住院费用也是非常昂贵的。这时候就需要商业医疗险作为医保的补充，来报销更多的医疗费用。目前市面上比较优秀的医疗险是保证续保的百万医疗险，不仅能报销社保外的医疗费用，且保额也足以覆盖严重疾病产生的医疗费用。

百万医疗险和重疾险是非常好的搭配，百万医疗险解决住院费用问题，重疾险解决重疾后收入补偿问题。

与身故/意外风险有关的保险

人的生命是极其脆弱的，做好身故保障是很有必要的。

意外险作为赔付杠杆高、投保条件宽松、价格便宜的险种，也是我们必须配置的一个险种。目前，300元左右能买到保障一年，身故赔付100万元的意外险。这样的产品适合大多数人，推荐人手一份。意外险除了涵盖身故责任，还有意外伤残、意外医疗责任。

寿险是保障内容最为简单的险种，主要保障内容就是身故和全残。寿险和意外险不同之处在于，寿险不仅能保障意外身故，也能保障疾病身故，即寿险的身故责任更充足。

成年人买保险的避坑点

第一，先做基础保障，再考虑储蓄。基础保障也就是意外险、重疾险、医疗险、寿险，储蓄性质产品主要是年金险、增额终身寿险。

第二，先保大风险，后考虑小风险。较大风险发生时收入来源中断，家庭陷入困境。这种大风险应优先转移，如重大疾病、身故、全残等。小风险如头疼脑热，发烧感冒这种门诊方面的风险可以自己负担。

第三，先看产品，再考虑保险公司。很多人买保险只看公司，不看保险产品适不适合。交费好几年后，才发现保障不充足或是不满足自己的需求。建议优先看产品和保障责任，保险公司不作为主要考量点。

如何给父母买保险

老年人买保险的难点

老年人买保险主要难在年龄限制、健康限制以及保费贵、保额低。

年龄越大，患病的概率越高，保险公司在设计产品及定价时都会考虑进去。换言之，保险对于老年人不太友好，目前几乎所有重疾险和医疗险投保年龄都在 0~60 岁，有的会限制在 55 岁甚至 45 岁。

对于老年人，高血脂、高血压、高血糖、心脑血管疾病都是常见的疾病，想买到重疾险、医疗险都很难，因为健康告知要求很严格，老年人投保会比较困难。另外，年龄越高，风险越大，保费也就越高。比如老年人买重疾险，额度最多 10 万元或 20 万元，甚至有可能出现交的保费比保额还多的情况，这样就不划算了。

老年人为什么需要买保险

即使老年人投保有众多阻碍，依然很有必要配置保险。

给父母买保险，主要是为了减轻子女的负担。如今，负担老人的衣食住行并不难，养老主要担忧的是老人生病时没有足够的治疗费用。老人年纪大了，免疫力和身体机能都在下降，随着年龄增长，发生疾病的概率也越来越高。若不幸罹患重疾，将面临昂贵的治疗费用。此外，老人也更容易发生意外，哪怕摔个跤都会对老人造成很大的伤害，且恢复时间很长。

老年人必备的保险是什么

首先,社保作为基本保障,是必须给老年人配备的。然而,老年人的社保缴纳情况参差不齐。对于大多数城镇户籍的老年人,如果缴满了规定年限,就可以享受终身养老保障以及终身医保待遇。如果父母年轻时候未缴满,那我们可以选择补缴。在无法补缴的情况下,可以给他们买一份城镇居民医疗保险作为最基础的医疗保障。

其次是意外险。老年人的身体素质相比年轻人要差很多,很容易磕磕碰碰,造成摔伤、骨折等意外情况。因此,意外险是除社保外优先给老年人配置的险种。

在给老年人投保意外险时,重点关注的几点:意外伤残、意外医疗、免赔额、报销比例。在意外医疗这项责任中,尽量选择保额不低于1万元,不限社保用药,没有免赔额且不限制报销比例的产品。

再次是医疗险/防癌险/惠民保。百万医疗险是社保的有力补充,但是百万医疗险的健康告知要求非常严格,需要衡量自身情况来选择。如果投保不了百万医疗险,可以考虑防癌险。健康告知要求相对会比较宽松,保障责任围绕癌症展开,相当于把这项高发重疾风险覆盖了。防癌险又分为报销型和给付型,报销型产品可凭医院发票报销癌症治疗费用,给付型产品在罹患规定的癌症时,可一次性赔付保额。还有一种是政府主导的惠民保,虽然在免赔额、报销比例等方面要比商业医疗险弱些,但对于健康异常或者年龄较大的人群,是个不错的选择。

哪些保险不是老年人必备的

到了这个年龄，基本不再承担家庭主要经济责任了，且子女已经成年。所以面临的风险自然和中青年面临的风险不一样，老年人面临的风险主要就是疾病和意外风险。所以像定期寿险这种产品，父母就没有必要买了。超过 50 岁，投保重疾险也需要谨慎，因为保额不会很高，还有可能出现保费倒挂现象。此外，一些储蓄型产品，由于年龄原因，就算投保，后期领取也不是很划算。

综上，购买保险预算有限的话，像定期寿险、重疾险、储蓄型产品都可以不做配置。

配置保险后，还需要注意什么

● 做好保单管理

随着互联网保险的快速发展，电子保单也越来越普遍，一般电子保单会直接发到投保时填写的邮箱，每次查看保单都需要去邮箱翻找，容易忘掉自己投保过的一些产品。所以投保后并不是就完事了，我们要对自己及家人的保单进行统一管理。

保单管理的作用

查漏补缺，完善保障

投资是动态的一个过程，保险配置也是如此，不同的人生阶段需要不同的险种，比如成年人需要重疾险、意外险、医疗险和定期寿险，到了父母的年龄可能就只需要医疗险和意外险了。一个人需要的保单都要好几份，所有家庭成员都配齐的话就更多了。这时候妥善管理家庭保单的重要性就突显了，它能够让我们知道都买了哪些产品，保障有哪些，保单到期日是什么时候。

方便理赔

我们买保险的目的就是能够顺利理赔。如果没有生病或者发生意外还好，但是风险之所以叫风险，是因为我们不能预测，只能积极应对。一旦发生风险，首先要知道自己能否理赔，如果连自己有哪些保单都不记得，谈何理赔呢？一般情况下，保险公司不会主动理赔，毕竟他们不清楚被保险人的情况。无论是意外还是患病，出险后都需要我们主动向保险公司报案，保险公司才会得知被保人出险的情况。

如何做好保单管理

与家人沟通

投保后尽量将保单分享给亲密的家人、父母或者配偶。这一步很关键，方便在风险来临时家人第一时间去了解和办理理赔相关事项。

保单汇总

分类整理和保单汇总。不管是从哪里购买保险，不管是电子保单还是纸质保单，需要提前汇总整理好免得需要用保单的时候手忙脚乱。

建立清单

做好分类整理和汇总后，可以建立一个电子表格，制作一个保险清单。根据被保险人来归类，然后将保单的相关信息罗列进去，这样每一份保单的信息就一目了然了。整理保单的过程也是解读保险信息的过程。

目前很多互联网投保平台通常带有非常便捷的保险账户。如果在这样的平台投保，保单会自动同步到你的保险保障账户，可以查看投保信息。如果你之前有商业保险，也可以通过外部保单管理的形式，录入账户，更好地管理自己已拥有的保单。

保单保全服务

保险保全通俗解释就是保险公司为使客户的保单有效，在客户的要求下对保单进行变更，常见的保全服务有以下几种。

修改信息

这个是最常见的，如身份证号码有效期变更、扣款银行卡信息变更、地址变更、受益人变更、投保人变更等。

补充告知

在互联网时代，投保流程也变得更方便简单了，但是很多人投保后或者投保一段时间后，发现自己有些地方不符合健康告知要求，要向保险公司进行补充告知，这时是需要进行二次核保的。

结果可能是继续承保，也可能需要加费或者除外某些责任才可以继续承保。不适合的话，还可能被拒保，只退回现金价值。所以在投保时一定要如实告知，避免后期不必要的麻烦。

退保

也就是字面意思，把保单退掉。退保是有一定损失的（犹豫期内退还保费，犹豫期后只退保单的现金价值）。所以退保前一定要考虑清楚。如果是为了更换产品而退保，那一定要利用好原来产品的60天宽限期，尽量把自己的保障时间延长。

保单抵押贷款

大多保险公司是支持贷款功能的，把保单抵押给保险公司借钱，利率大概是银行同期利率上浮1%~2%，贷款最高额度一般为保单现金价值的80%。

保险合同补发

目前线上投保都是电子保单，跟纸质保单具有同等法律效力。一般长期险也会提供纸质保单，不过可能需要自己进行申请。

此外，还有一些保单复效、红利领取等保全服务，需要时可以咨询保险公司。

需要理赔时该找谁

各大保险公司的理赔基本流程大体是一致的：拨打保险公司客服电话或登录官方平台出险报案→整理理赔资料→提交至保险公司→保险公司进行资料审核、案件调查→理赔结案，拒赔或者领取赔款。

当然不同险种可能需要的理赔资料不一样，表7-5是一份常见的理赔资料清单，可供参考。不过，不同的保险公司所需要的资料可能有所不同，具体还是以保险公司要求为准。

表 7-5　保险理赔资料清单

	意外身故	疾病身故	意外伤残	重大疾病	门急诊医疗	住院医疗/补贴
理赔申请书	√	√	√	√	√	√
保险凭证	√	√	√	√	√	√
保险金转账授权书、存折或银行卡复印件	√	√	√	√	√	√
被保险人身份证明			√	√	√	√
受益人身份证明	√	√				
受益人关系证明	√	√				
死亡证明	√	√				
户籍注销证明	√	√				
伤残鉴定书			√			
医疗费用原始发票					√	√
医疗费用结算单及明细清单					√	√
门急诊病历			√	√	√	√
出院小结				√		√
诊断证明书（如有）				√	√	√
手术证明文件及相关病理检查报告				√		
意外事故证明	√		√		√(如有)	√(如有)

以上就是关于保险保障的全部内容了，保险是不是也没有那么神秘难懂？不过，理论和现实还是有些差距的，保险通常还涉及医学及法学知识。在实际操作中，如果遇到复杂的问题自己拿不准，比如健康告知问题、条款问题、保单架构问题，还是尽可能地联系保险专业人士协助。

第三篇 坚守投资理念

第八章　如何选择适合自己的投资理念

趋势投资：顺势而为，找准方向

为钱做好分配，只是投资的第一步。那接下来是什么呢？有人说是学习投资方法，有人说是练习投资技巧……这些在我们看来都有点着急。因为市场变化万千，方法总会出错，技巧总会失灵，任何投资姿势都有错的那一天。如果发生在你身上，又该如何应对呢？

举个例子，有人做投资非常信奉小市值策略，学习了很多相关投资方法，因为他觉得"船小好调头"，只要行情一来，一定优先惠及市场上的小市值标的。实际结果如何呢？

如图8-1所示，沪深300指数代表大市值策略走势，国证2000指数代表小市值策略走势。如果仅从上一轮牛市之后来看，你会发现市场从2016年到2022年，总是处于大小市值的轮动行情，且至少经历了3轮切换。

换句话说，这期间不论你长期坚守哪一种策略，最后都会在某些时间段跑输另一种相反风格的策略。比如，2016—2021年，沪深300指数轻松实现了大幅正收益，而国证2000指数不仅跑输，甚至最后还亏钱。

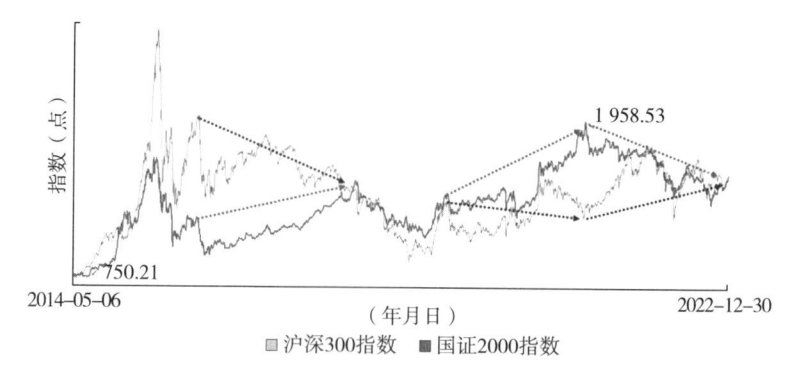

图 8-1　沪深 300 指数与国证 2000 指数走势对比

资料来源：Choice 数据。

如果你掌握的是小市值策略，坚持了 4~5 年依旧亏损，你真的能接受吗？你会不会觉得自己学到一个错误的方法？要不要换到大市值策略呢？如果你经受不住亏损，开始自我怀疑，并在 2021 年决定换到大市值策略，那么恭喜你，后面又要多承受连续两年的暴跌。与之相对的，是被你抛弃的小市值策略刚刚开始走强，成为另一些人眼中的香饽饽。

这样的两头挨打，会不会让你开始否定自己呢？毕竟投资 7 年下来一直亏钱，你还相信自己的投资方法吗？相信大部分人都不会了，而且会把这些方法全部"拉黑"，以后坚决抵制！

可是，重新思考一下，难道真是我们的方法出了问题吗？其实并不是。尤其是当你发现，这 7 年投资做下来，只要坚持下去，无论哪种策略方法最后都能赚钱，只是你的操作导致亏了而已，你又会做何感想呢？

这种连亏 7 年的例子比较极端，因为在实际投资中大部分人可能 2~3 年就放弃了，但它还是为我们揭示了一个深刻的投资道理：无论哪种投资方法或技巧，都有其局限性，如果你不能以自己的信念坚持下去，就很难做到真正的长期赚钱。因此，方法和技巧固然重要，但投资理念才是我们最应先掌握的东西。

为钱做好分配，只是开启投资的第一步。接下来要做的，就是为自己选定一个能够长期坚持下去，并一以贯之的投资理念。这样才能让我们的投资不迷茫，不掉队，真正实现安放财富，放心生活。

什么是"趋势投资"

市场上的投资理念有很多种，比较主流的有 3 种：趋势投资、量化投资和价值投资。本部分将为你介绍"趋势投资"。这是一种自资本市场诞生不久就形成的投资理念，也曾出现很多相关的投资大师。它虽然有效，但驾驭难度极高，因此并非是一种可被大多数人接受的投资理念。我们建议你将此理念作为学习的一部分，而不适合作为投资的主要理念。

纵观整个投资圈，有两种理念最受追捧：一种是价值投资，另一种就是趋势投资。

所谓趋势投资，是指投资者根据市场价格的运行趋势，来进行交易的一种投资理念。这里的趋势，代表市场价格的波动规律，最早起源于道氏理论（奠基人为查尔斯·亨利·道，1851—1902 年，美国道琼斯指数发明者）。

道氏理论认为，市场价格走势可以分为 3 种运行方式：日常波动、次级运动和基本运动。其中，日常波动的规模最小，一般只能持续几天到几周，具有很强的随机性，基本不能被把握；次级运动的规模居中，可以持续几周到几个月，它可以被认知，但很难被把握；基本运动的规模最大，可以持续几个月甚至几年，它是可以被预测的。

所以，做趋势投资，关键就是要把握"基本运动"的运行规律，因为它往往代表了一轮"能被提前预知的大行情"，这样一来，就能给我们带来丰厚的投资收益。

通常来说，基本运动可以分为"上涨运动"和"下跌运动"，分别代表一轮"大的上涨行情"和一轮"大的下跌行情"。对趋势投资者来说，在"上涨运动"中，要敢于买入；而在"下跌运动"中，要舍得卖出。因此，如果对趋势投资理念做个概括，就可以简化为"追涨杀跌"。

有人看到这，可能会疑惑：追涨杀跌不是投资大忌吗，怎么还有教人追涨杀跌的？没错，在价值投资者眼中，追涨杀跌确实是大忌；但在趋势投资者眼中，一旦他们认为某种趋势已经开启，那就应该顺势而为，不要与趋势为敌。

值得一说的是，虽然近几年价值投资理念在国内遍地开花，但作为资本市场的常青树，趋势投资理念从100多年前便开始盛行，至今仍然拥有众多支持者。

投资方法没有好坏，只有适不适合，价值投资之所以成为主流投资方式，是因为它的理念和方法简单，适合更多的普通投资者。但是我们也要熟悉更多的主流投资方法，才能更好应对市场瞬息万变的局势。

趋势投资有什么特点呢？如果用一句话总结，关键就是要能认清"趋势"，然后顺势而为。一般来说，可以分为两个部分，即分析趋势和把握趋势。

分析趋势

很多趋势投资者认为，既然"趋势"蕴藏在市场价格的走势中,那么市场价格本身就已经包含了一切必要信息。所以,我们只要对市场价格的走势图进行分析,就能了解当前的市场趋势。由此,衍生了针对股票、黄金、期货等交易市场的"技术分析派"。

那么,技术分析派是如何借助"市场价格走势图"分析趋势的呢?一般来说,包括3个部分,即量价分析、图形分析和指标分析。

量价分析

量价分析,即通过市场成交量和价格的组合关系,来分析市场未来的走势。

"量价分析之父"理查德·威科夫,曾多次采访杰西·利弗莫尔、J.P. 摩根等投资大鳄。他发现,这些人身上有一个共同点,就是喜欢将行情纸带作为自己的投资决策工具,并由此发现市场的基本运行规律。

要知道,在那个年代,还没有电脑和手机,所有的市场交易信息,都是通过行情纸带记录的。所以,查阅行情纸带,其实就是对价格、成交量、时间等基础交易数据进行汇总分析。换句话说,他们认为市场的运行规律,其实就藏在"在某些时间、以某些价格、买卖成交了多大金额"这些基础数据上。这样的分析方式,其实是对股价涨跌做出一种新的解释,即供需决定价格。

简单来说,股价之所以上涨,是因为买入力量更大,供小于求;股价之所以下跌,是因为卖出力量更大,供大于求。而成交量和价格的关系(即量价关系),正是反映整个市场供需关系的指标。

因此,他们认为只要通过对量价关系的分析,就能大致理解市场未来的走势,并由此衍生了量价分析技术。

图形分析

图形分析,即通过对市场历史价格走势图的分析,来判断股

第八章 如何选择适合自己的投资理念 209

价未来的变动趋势。它是在图形中融入数学和几何学的思维而衍生的一套技术分析方法。这里所说的历史价格走势图，就是很多股民常说的"K线"和"形态"。

它们的区别是：K线是由开盘价、收盘价、最高价和最低价组合而成的图形，往往代表一天内的股价走势；而形态则是由多个K线组合起来的图形，往往代表一段时间内（可能几周到几年）的股价走势（见图8-2）。

图8-2　K线与形态示意

在一些技术分析派眼里，不同形状、不同位置的K线和形态，有着不同的寓意。它们有的代表买方势力强，有的代表卖方势力强；有的代表行情要反转，有的代表行情会延续。

除此以外，还有一些人，会在K线和形态的基础上，运用几何学的方法，画出各种线，由此判断图形中的支撑位和压力位、趋势的开始与结束等。

总的来说，图形分析技术，主要就是借助每天的开盘价、收盘价、最高价和最低价这些基础数据，运用K线、形态、画线等分析技术，来完成对大部分市场行情的解读。

指标分析

指标分析，即借助一些特定的分析指标，来判断股价未来的运行趋势，最常见的指标包括均线、MACD（异同移动平均线）、KDJ（随机指标）、布林线、乖离率，等等。它们往往表现为盘面上的某种图形或线条，看盘软件会直接展示出来。

这些指标是怎么来的呢？一般来说，它们是根据指标发明者提出的某种投资分析思路，提取某些市场交易的关键数据，再经过数学建模制作出来的。

值得一提的是，在制作这些指标时，往往会用到大量历史数据，进行有效性验证。只有当其达到一定成功率后，才会逐渐对外推广。所以，每个人都可以发明自己的指标，只是成功率会有高有低；如果成功率一直不高，它也会慢慢被淘汰的。

由于篇幅有限，而每种指标的原理不同、应用场景不同，不能一概而论，此处不一一赘述。大家要记住一点：没有稳赚不赔的投资方法，也没有永远有效的技术指标，所有的技术分析都需要随着市场的发展不断更新迭代。

对很多投资新手来说，指标分析是比量价分析、图形分析更为简单直观的一种分析方式，所以它更容易受到人们的青睐。当然，在很多趋势高手眼里，指标分析的有效性可能不如量价分析和图形分析，但是记住几个自己喜欢的指标，关键时刻辅助判断，也是必不可少的一件事。

把握趋势

前面说的量价分析、图形分析和指标分析，本质都是为了分析行情，对当前市场趋势做出判断。但是，如果我们已经看懂了趋势，又该如何把握呢？

对趋势投资者来说，这时往往需要建立一套属于自己的操作准则，来指导投资。操作准则往往会包括 3 个部分，即关键点选择、仓位管理和止损线。

关键点选择

趋势投资的代表人物之一，股市大作手杰西·利弗莫尔曾说："如果我不是在接近某个趋势的开始点进场交易，我就绝不会从这个趋势中获取多少利润。"

这里的"开始点"，指的就是确定趋势是否开启的"关键点"。换句话说，杰西·利弗莫尔认为，趋势形成的标志就是当股价突破了某个关键点。而作为趋势投资者，如果不能在第一时间识别到这个关键点并入场，就很难赚大钱，这足以说明关键点对趋势投资者有多重要。

那我们该如何驾驭关键点呢？

首先要知道，前面说到的 3 种分析方法，虽然都能帮我们找出关键点，但并非总是正确的。而关键点往往又是价格变化的急转点，所以，一旦判断错误，就很可能迎来一波反向走势。比如，你认为股价在突破某个价格（关键点）后会迎来上涨趋势，结果刚一买入，股价就开始"反向杀跌"，而且杀跌力度比之前还大，这样一来，必将损失惨重（见图 8-3）。

因此，当关键点信号出现时，趋势投资者往往不会急着去买，而是根据经验判断"真突破"的概率，通过多种方法交叉验证，最终只选择把握较大的出手机会。

仓位管理

仓位管理，指的就是投资中的资金使用规划。比如，要出手时，是一次全买，还是分几次买；卖的时候是一次全卖，还是分几次卖；每次买多少、卖多少；等等。

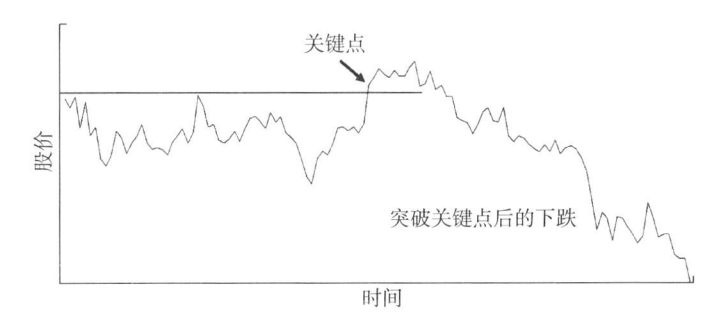

图 8-3　突破关键点后反向杀跌的示意

趋势投资高手之所以能在各种市场环境下获得收益，最重要的一点就是仓位管理。好的仓位管理，不仅可以让我们在迎接市场上涨时，有利可图；更重要的是，在面对市场下跌时，还能有效控制亏损，保持良好心态，并且有钱补仓。

仓位管理具体如何做呢？其实和技术分析一样，每位趋势投资者都有自己的"一套方法"。一般来说，"金字塔模型"是趋势投资者用得比较多的仓位管理理念。

所谓金字塔模型，是指在建仓初期，资金投入较多，而后随着市场上涨，不断缩小加仓比例，最终仓位结构呈现一个"金字塔形态"（见图 8-4）。

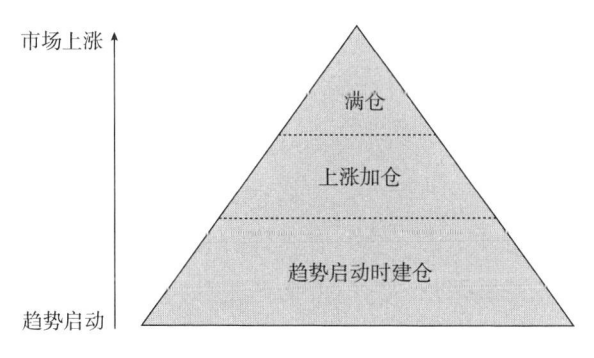

图 8-4　金字塔模型仓位管理示意

第八章　如何选择适合自己的投资理念

例如，我们判断一个趋势的关键点是否出现，可以先投入50%的仓位；如果验证无误，则寻找下一个加仓点，并投入30%的仓位；如果趋势依旧没走完，则寻找后面的加仓点，并投入最终剩余的20%的仓位。这样一来，就能保证大部分资金赚到大部分收益，小部分资金也没闲置，整体资金使用效率较高。

止损线

止损线，指的就是在行情判断错误的情况下，自己能接受的最大亏损比例。比如，我们给自己设置的止损线是8%，那买入后如果亏损达到8%，无论后面行情如何，都需要强制卖出，控制损失。

要知道，人生不如意十之八九，更何况做投资。世界上不存在完美的投资方法，任何投资都有判断失误的时候。所以，不管我们之前的分析有多准，都需要给自己留后手。

止损线就是趋势投资者的后手。大作手杰西·利弗莫尔坚持把自己的首次亏损控制在10%以内，用他自己的话说，确保投机事业持续下去的唯一抉择是，小心守护自己的资本账户，绝不允许亏损大到足以威胁未来操作的程度。由此可见，止损线对趋势投资者来说到底有多重要。

止损线具体如何设置以及实施呢？这需要因人而异，因为每个人对风险的承受能力是不同的，尤其是在面对亏损时，我们的风险承受能力是会发生变化的。比如，之前我们给自己设置的止损线是10%，但账户跌到5%时，我们就已经受不了，茶不思饭不想，一心只想看账户，这时就需要把自己的止损线设置得少一些了。

所以，止损线往往不是拍脑袋定出来的，而是根据自己的实际情况，在实战中总结出来的。对每一位趋势投资者来说，如何设置止损线以及如何实施，都需要经过时间的沉淀，才能给出答案。

总结一下，想要做好趋势投资，关键是要能认清趋势，然后顺势而为。

如何认清趋势？可以通过量价分析、图形分析和指标分析等技术手段，来进行趋势分析。

如何顺势而为？可以通过关键点选择、仓位管理和设置止损线，来制定自己的操作准则。

普通投资者该如何看待趋势投资

前文主要讲了趋势投资的基本概念，还有一些操作方法，目的是了解"趋势投资"。但如果我们想把它作为自己的投资理念，又该如何抉择呢？

趋势投资的优势

如果有人问：为什么要选择趋势投资？相信大多数趋势投资者都会回答3个字：赚钱快。

之前说过，趋势投资者的关键点，往往是价格变化的急转点。如果选择正确，很快就会迎来收益的爆发式增长。比如，国内芯片设计的龙头企业之一紫光国微，曾在2020年7月初，突破了长达5年的压力位，而后顺势开启一段上涨行情。股价从35元附近直接涨到近115元，涨幅超过220%（见图8-5）。[①]

[①] 以上数据均按照2023年4月20日的前复权价格计算。

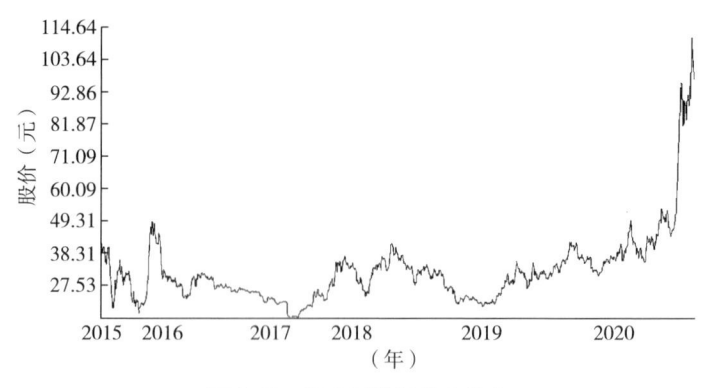

图 8-5　紫光国微股价走势 1

资料来源：万得资讯、且慢投研。

作为趋势投资者，如果从此次关键点入场，到 115 元附近，大概只要 14 个月；而前面那些从 2015 年就开始抄底紫光国微股票的人，只有在坚守 5 年后，才能等到这波行情的启动。换句话说，趋势投资者只用 14 个月，就能做到别人 5 年才做到的事。

所以，一旦选择正确，趋势投资的优势自然不言而喻，这也是很多人一直崇拜趋势投资的理由。

趋势投资的弊端

虽然趋势投资做对了，赚钱很快，但是做错了风险也会非常大。还是以紫光国微为例，类似的关键点曾经出现过至少 5 次，每次突破后，迎来的都不是上涨，而是一段长达几个月的单边暴跌行情（见图 8-6）。

一个趋势投资者如果只是看到"信号"就去买入，那很可能在前 4 次的"杀跌"中，就已经丧失了自己的投资信仰。

所以，对很多趋势投资者，尤其是刚入门的投资者来说，虽然有很多量价、图形、技术指标，可以作为行情分析手段。但实

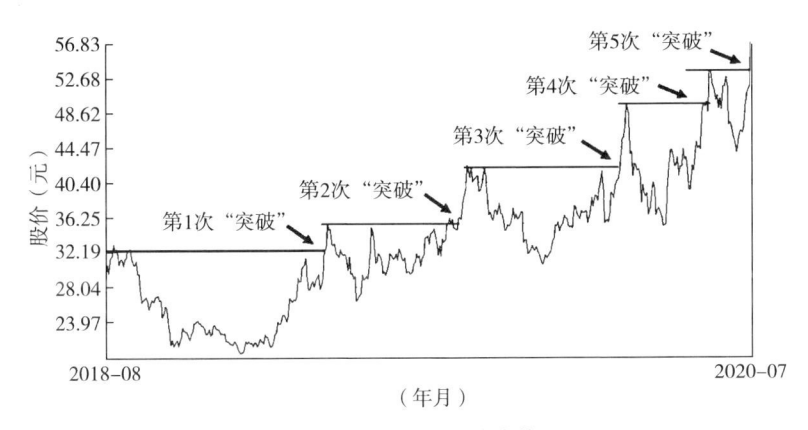

图 8-6 紫光国微股价走势 2
资料来源：万得资讯、且慢投研。

际上，要判断一段趋势是否真的开启，其实非常困难。

就连大作手杰西·利弗莫尔都说：

> 在心理上预测行情就行了，但一定不要轻举妄动，要等待，直到你从市场上得到证实你的判断是正确的信号，到了那个时候，而且只有到了那个时候，你才能用你的钱去进行交易。

所以，趋势投资者常常会陷入两难的境地，一边是要求在趋势一开始时就入场，否则赚不到多少利润；另一边是只有当市场证实我们的判断是正确的，才能入场交易。

可以看出，要做好趋势投资，除了要具备基本的技术分析功底，更重要的还有对实战经验的积累，以及对自己心态的把控。而这些，都并非一朝一夕能完成的。所以，普通投资者想做趋势投资，往往是知易行难。

然而，趋势投资的弊端还远不只如此。以上这些困难，终究是有办法解决的。但有一点,是很多普通投资者无论怎样都无法克服的,那就是"时间"。

由于关键点往往是趋势反转点,之后无论是上涨还是下跌,都很迅猛。这就对趋势投资者提出一个既合理又难做的要求,即盯盘。我们只有通过不断看盘,才能从细微处发现不同,才能在第一时间抓住关键点,在第一时间决定要不要"上车"。如果错过,接下来的代价往往是巨大的。

还是以紫光国微这只股票为例。2020年7月1日,紫光国微的股价第5次突破关键点,并且出现涨停板(即当天达到10%的涨幅上限,见图8-6)。如果这天我们没有盯盘并及时进行操作,则无法在当天的涨停板上买入,只能等第二天再找机会"上车"。

然而,到了7月2日,紫光国微在开盘后,仅仅用了3分钟就再次涨停,并且当天一直没有再开板。如果这3分钟我们没有盯盘并及时进行操作,或者还在犹豫,则会再次丧失"上车"机会(见图8-7)。这时,相比那些更早入场的人,我们的成本将被迫抬高十几个百分点。

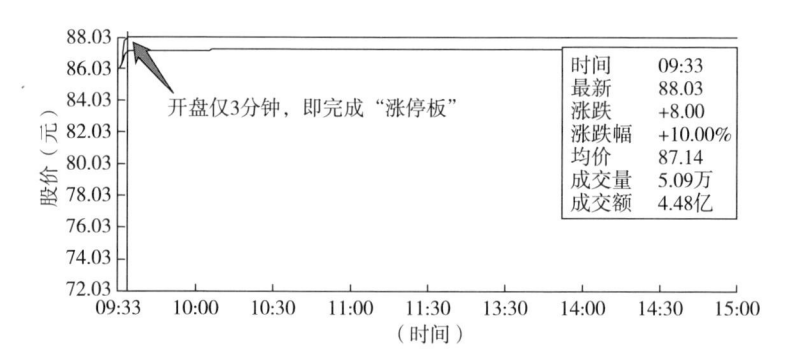

图8-7 紫光国微在2020年7月2日的股价走势
资料来源:万得资讯、且慢投研。

同样的道理，如果我们那周刚好有事，没来得及盯盘，那损失的可能就不是十几个百分点这么简单了。因为短短 7 天时间，紫光国微的股价涨幅高达 82.94%（见图 8-8）。

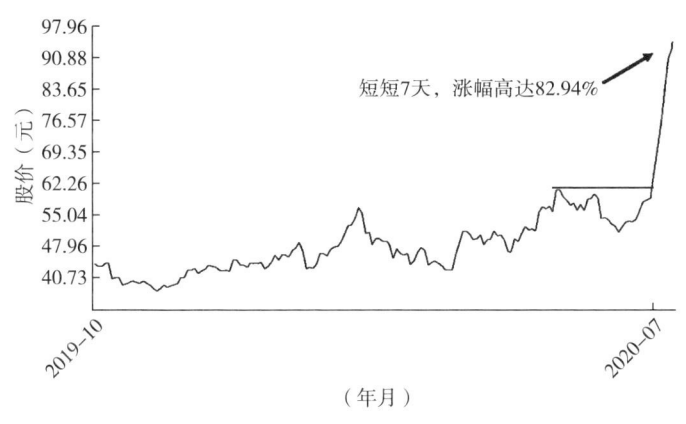

图 8-8　紫光国微股价的急速上涨
资料来源：万得资讯、且慢投研。

可以看到，如果没有盯盘并及时操作，哪怕只是短短几天时间，你的投资收益就可能被远远甩开。

那如果我们每天花点时间，自己盯盘并执行操作可以吗？答案依旧是不行。因为市场的开盘时间往往和我们的工作时间重叠，大多数普通投资者都无法适时盯盘。而前文也讲过，对大多数人来说，把精力放在工作或副业上，获得的提升要比盯盘来得快。

因此，趋势投资虽好，但不一定适合我们，如果要选择趋势投资作为自己的投资理念，就一定要好好考虑，平衡利弊。

量化投资：让规则决定投资收益

本部分将为你介绍"量化投资"，这是一种较新的投资理念，也是未来投资界突破创新的一个重点方向。它能全面汲取趋势投资和价值投资的长处，甚至将它们置于一个投资组合中；同时也能放大它们的缺点，让你感受到金融科技的冲击。因此，和趋势投资一样，我们建议你将此理念作为学习的一部分，而不是作为投资的主要理念。

什么是"量化投资"

在讲量化投资之前，我们要先提一个概念：主观投资。

主观投资，就是我们在实际投资的过程中，包括大类资产配置、投资方向定调、投资标的选择、买卖时点判断，甚至仓位控制等所有投资环节，都采用人工决策的方法来进行。换句话说，主观投资就是以"我"为中心的一种投资理念，"我"是一切决策的基础，哪怕"我"之前决定买 A，但到真正下手时，也可以临时决定买 B。一般来说，我们常用的投资方式都可以归为主观投资。

而量化投资不同，这是一种相对客观的投资方式。也就是在投资过程中，部分或整体采取纯客观决策的一种投资理念。什么是纯客观呢？就是规则一旦定下，绝不能改。

我们知道，人是主观的，容易受到周围环境的影响。所以，哪怕定下死规矩，我们也是有可能临时变通的。而纯客观决策不同，它往往是由各种计算机程序来负责执行的，程序一旦输入，计算机只会执行，不懂变通。

例如，我们设定一个选股条件：ROE[①] > 20%，P/E < 15。哪

---

① ROE 代表净资产收益率，是净利润与平均股东权益的百分比，用于衡量公司运用自有资本的效率。——编者注

怕有一天，有股票出现"ROE = 21%，P/E = 16"，量化投资方法下，这只股票都会被直接淘汰，因为它不合要求。

但如果换成我们自己投资呢？我们肯定要去看看这是什么情况。为什么会差一点点过线？有没有可能被错杀？自己要不要挽回？

可以看到，量化投资其实是一种新的投资理念，它强调的并不是股票有没有价值，也不是趋势会不会形成，而是我们的投资是否足够客观。也正因如此，它可以汲取价值投资和趋势投资的各种优点，进而形成一套左手价值、右手趋势的投资方法。

当然，通过上述讲解我们知道，量化投资其实非常依赖先进的算法技术。在技术水平有限，资金和人力投入不足时，投资往往并不会完全由计算机取代，而是会选择一部分人工，一部分机器的折中方案。所以，平时大家在聊到量化投资时，只要投资中的某些环节采取了量化的方式，我们就可以把它归为量化投资的范畴。

普通投资者该如何看待量化投资

了解了量化投资的理念和原理，作为普通投资者，我们该如何看待呢？

其实从其介绍就可以看出，它的门槛很高，基本不是普通投资者能驾驭的。因此，我们建议你可以试着把量化投资当方法，让自己的某些投资环节不断被量化。怎么理解呢？

当有了一定投资经验，我们就会慢慢摸索出适合自己的投资方法。而这套方法，往往市面上难寻足迹。所以，不管市面上有多少量化产品，终究无法完全满足自己的投资需求。这时，我们可以选择退而求其次，借助量化的方法，来优化自己某些投资环节，从而达成自己心中的量化投资。我们可以借鉴"数据化思维＋工具化流程"的思路来做。

数据化思维

数据化思维，就是尝试把自己的投资标准不断数据化。例如，我们做的是价值投资，认为当市场整体估值不贵时，就该多买，则可以拆解为 3 个问题（以下均为举例内容，不做实际投资建议）。

- 什么是市场整体估值？
- 什么算不贵？
- 买多少算多买？

如果把它数据化，可能会得到 3 个结论。

- 市场整体估值＝沪深 300 指数的市盈率。
- 不贵＝沪深 300 指数的市盈率低于 3 年历史分位点的 30%（考虑到估值下移的问题）。
- 多买＝每周定投金额在原有基础上多 30%。

发现了吗？只要把投资标准数据化，一个符合你想法的量化模型轮廓就有了。

工具化流程

工具化流程，就是根据自己的量化模型，不断对投资流程进行工具化改造。例如，根据以上结论，可以将目标对象的买入标准简化为两个流程。

- 流程1：算出定投日沪深300指数的市盈率的3年历史分位点。
- 流程2：如果高于30%，则正常定投；如果低于30%，则投资130%。

对于流程1，传统方法是每次定投日时，进行手动计算。如果尝试工具化改造，可以考虑通过Excel等工具记录数据，然后通过公式进行自动运算；或者找到能查询对应数据的网站，然后关联Excel进行自动更新计算。

对于流程2，传统方法是根据每次计算的结果，进行手动投资。如果尝试工具化改造，可以考虑通过编程技术或找到某个支持自动交易的网站/软件，进行自动下单买入。

我们知道，人是感性动物，日常的手动投资或许仅是费时费力，但如果遇到大涨或大跌，我们原订的投资计划就很可能受情绪影响而发生变化。比如，市场大跌，我们会因为畏惧而不敢加仓；市场大涨，也会因为贪婪而盲目买入。无论是畏惧加仓还是盲目买入，这些投资行为都与我们起初设想的投资模型相违背。长期看，多半是无益的。因此，坚持纪律很重要。之前，我们解决这类问题主要依靠个人心态，说白了，能否无惧震荡是关键。现在，如果能通过工具化改造这个流程，使投资跳过我们的感性决策，就能在一定程度上解决这个问题。

总之，通过"数据化思维+工具化流程"的思路，我们可以不断改进自己的投资方法，使其越来越量化，有朝一日，终能达成自己的量化小目标。

但我们也应认识到，量化投资是把双刃剑，它可以最大程度发挥其他投资的优点，但也能最大程度放大它们的缺点。核心在于你赋予它怎样的模型，让它以怎样的方式来运作。机器很简单，复杂的是人。是否选择量化作为自己的投资方式，关键还是在于我们自己。

价值投资：是金子总会发光

本部分将为你介绍价值投资。价值投资是由"证券分析之父"本杰明·格雷厄姆于20世纪初在《聪明的投资者》一书中首次提出的一个投资理念。作为全球最主流的几个投资理念之一，价值投资基于其简洁实用的特点，受到无数投资者的追捧。这其中，不乏一些像巴菲特、大卫·斯文森以及彼得·林奇等当代投资大师。尤其是巴菲特，作为格雷厄姆的众多学生之一，凭借其价值投资理念带来的优异成绩，被誉为"股神"，多次登上全球富豪榜，并吸引了一大批价值投资信徒的追随。和其他两种主流投资理念不太一样的是，价值投资不仅有效，而且非常好用，特别适合普通投资者学习。因此，我们建议你将此理念作为本章的重点学习内容，并在未来的投资中不断践行。

● 什么是"价值投资"

目前来说，没有一个标准的定义，但多数人认为，价值投资就是以足够低的价格买入自己看得懂的好公司的股票并长期持有，通过公司本身内在价值的增长，或股价对内在价值的均值回归，取得长期、良好、可靠的收益。

这里涉及两个关键词：内在价值和均值回归。

所谓内在价值，就是一家公司到底值多少钱。价值投资者往往会通过公司的盈利能力、持续性、成长性、护城河等多种指标进行综合分析，对一家公司的内在价值做出评估。

所谓均值回归，就是当一家公司的股价偏离其内在价值后，大概率会向内在价值重新靠拢的现象。价值投资者往往会通过公司的市盈率、市净率，以及行业分析等方法，来判断公司当前的股价处于高估、低估，还是合理状态，以决定是否进行投资。

可以说，如果一笔投资脱离了内在价值和均值回归，那它就不是一笔合格的价值投资。

从对价值投资的解释中，我们也能看到，价值投资者的收益来源主要有两点：一是公司内在价值增长带来的股价上涨；二是公司股价从低估到合理区间进行均值回归带来的价差收入。所以，作为一名价值投资者，我们必须要培养自己识别公司内在价值的能力，并且能对当前价格做出有效评估，这样一来，才能取得理想的投资回报。

了解了价值投资的基本概念可以发现，它其实并不复杂，简单概括，就是要用几毛钱的价格买到价值一元钱的东西。

不过，看起来简单的操作，做起来可能并不简单。一名价值投资者往往会从以下3个方面入手。

投资要留足够的"安全边际"

巴菲特曾在他的老师格雷厄姆那里，学到两条重要投资规则：

第一，永远不要亏钱；第二，永远不要忘记第一条。

那么，如何才能做到不亏钱？格雷厄姆给出的答案是，"我大胆地将成功投资的秘诀精练成4个字的座右铭——安全边际"。

什么是安全边际呢？根据格雷厄姆的说法，当股票价格明显低于其内在价值时，其差值的部分就称为"安全边际"。

所谓"内在价值"，是指一家企业本身值多少钱，这个价值与外部环境无关。对一家企业来说，其内在价值可能是多种多样的，它可以包含企业的资产、负债、盈利情况、未来前景、净现金流，甚至品牌等多种因素。比如，经过评估，一家企业股票的内在价值是5元，但由于外部环境变化，股价跌到了2元。这时候，如果我们以2元的价格买入，多出来的3元，就是我们的安全边际。

价值投资者普遍认为，企业的外部价格（股价）常常会围绕其内在价值来回波动。所以，我们在进行价值投资时，应该关注企业的内在价值与价格的差异，这样才能给自己的每笔投资留出足够的安全边际。

放弃"捡烟蒂"，寻找"护城河"

价值投资理念的创始人是格雷厄姆，他的投资方法可以用3个字来概括，就是"捡烟蒂"。在20世纪30年代初，资本市场发展很不成熟，许多股票的价格大幅低于其账面价值。于是，格雷厄姆通过自创的财务分析方法，从企业财务报表中发掘相关财务信息，买入被严重低估的公司，从而获得收益。由于这些公司常常便宜得像"烟蒂"一样不值钱，所以这个方法也被称为"捡烟蒂"。但是，随着资本市场的发展，捡烟蒂的人越来越多，烟蒂股越来越少,捡烟蒂的方法也就渐渐不那么受追捧了。

之后,在菲利普·费雪的带领下,价值投资理念步入"成长股"时代,也就是更关注企业本身的"成长性"。

在费雪的投资原则中,有一条是要寻找具有"竞争壁垒"的企业。所谓"竞争壁垒",是指企业的护城河,也就是一家企业靠什么能维持自己的赚钱能力。

正是由于护城河思维的加入,价值投资理念发生了根本性改变,它不再一味强调要买便宜货,因为便宜有可能蕴含着更多风险。相反,更多的价值投资者开始寻找好公司,大家相信,长期来看,只有好公司才能创造出更多利润。巴菲特也正是结合了费雪和格雷厄姆的思想,才构建起自己的价值投资体系。

所以,对我们来说,要做好价值投资,不仅要关注企业当前价格是否足够便宜,更重要的是,要看它是不是一家好公司,它的护城河是否够宽广。

认清并坚守自己的"能力圈"

能力圈是以巴菲特为代表的价值投资者最为推崇的投资原则之一。这个概念是巴菲特在1996年《致股东的信》中首次提出的:

> 你不必成为每一家公司或者许多公司的专家,你只需要对在你能力范围内的公司进行估价。范围的大小并不十分重要,重要的是,知道它的界限。

换句话说,巴菲特认为的"能力范围"(即能力圈),是指你能对多少公司进行正确估价。比如，你能对 3 家公司进行正确估价，那你的能力圈里就包含了这 3 家公司。

能力圈为何如此重要？因为投资市场非常残酷，如果我们非要做自己能力范围以外的事，就是在把自己的弱点暴露给市场。不管此前我们赚了多少，市场都可能会在某一个时刻让我们还回去。

正如一代投资大师、麦哲伦基金前掌门人彼得·林奇所说："只要有 60% 的股票表现与预期的一样，（你）就足以在华尔街创造一个骄人的投资业绩纪录了。"

所以，通过坚守自己的能力圈，只投资能力范围内的股票或基金，就可以避免因不懂而盲目投资所犯下的错，经受住市场的诱惑。

不过，有人可能会想，既然能力圈代表了自己的投资能力，那能力圈是不是越大越好？实际上，能力圈越大，代表你能投资的范围越广，相对当然越好。但是，对多数人来说，对公司估价并不是一件简单的事，急于扩大自己的能力圈，结果很可能是揠苗助长，导致自己的投资失败。

所以，比起扩大能力范围，不如先试着清晰识别出自己的能力边界。正如巴菲特所说，如果你知道自己能力圈的边界在哪儿，你将比那些能力圈比你大 5 倍却看不清边界的人富有得多。

因此，作为一名价值投资者，要能识别企业的内在价值，找到护城河足够宽广的企业，在投资时要给自己留出足够的安全边际，并且坚守自己的能力圈以减少犯错。这样一来，相信投资成功离我们并不遥远。

普通投资者该如何看待价值投资

世界上没有东西是完美的,价值投资也一样。一般来说,做价值投资至少会有两个优势和两个弊端。

价值投资的两个优势

让人更安心

无论投资多重要,我们都得知道,投资不是生活的全部。

很多投资理念,都在教我们要随时把握市场动态,但作为普通投资者,我们必须扪心自问:自己真的有精力吗?相信答案是否定的。

价值投资不同,它不用我们盯盘,也不用在意市场的涨跌趋势,我们只要把精力放在投资对象本身的价值变化上就足够了。

作为一家公司,一个实实在在的经营实体,它的基本面情况并不会像股价一样波动得那么频繁。所以,哪怕我们很关注自己的投资对象,也不用天天去研究,因为那毫无意义。因此,经常有人说,做价值投资的人,哪怕忘记自己的交易密码,也一样能挣钱。

享受时间的复利

了解过趋势投资的人都知道,趋势投资者只有不断游走于趋势变化之间,并准确把握它,才能真正赚到钱。然而,哪怕是精通趋势投资的大作手杰西·利弗莫尔,一生靠投资致富4次,巅峰时富可敌国,最终也逃不过因投资失败而破产的命运。所以,长期来看,趋势投资者几乎没法做到复利增值,因为只要在关键时刻做错几次选择,你赚到的财富就可能瞬间归零。

但价值投资者不同，他们在胜率与赔率之间，选择了胜率。换句话说，一位合格的价值投资者，他的每笔投资大概率都是能赚钱的。就像巴菲特所说，价值投资者的一生可能只有20笔投资，就像在一张卡片上打20个孔，一旦这些孔被打满，我们就不能再进行任何投资了。所以，正是价值投资者非常谨慎地对待每次投资，才保证了他们的高胜率，从而让盈利得以持续累计，并最终实现复利增值。

价值投资的两个弊端

金子会发光，但不一定是今天

前文说过，在价值投资者眼中，企业的外部价格始终会围绕其内在价值波动，这个现象也被称作"老人遛狗"。企业的内在价值就像一位正在散步的老人，虽然走得慢，但始终往前走；而企业的外部价格就像老人牵着的狗，虽然一会往前，一会往后，但始终会围绕在老人身边。

要知道，长期来看，狗会和老人一同向前，这是价值投资者的信仰基石。但短期来看，狗更像在"随机漫步"，喜欢自顾自地玩耍，并不一定追随老人，甚至还会掉头往回跑。

举个例子，在国内谈价值投资，一定绕不过贵州茅台，它是公认的价投典范。过去10年，贵州茅台的股票涨幅接近30倍。然而，就是这样一只大牛股，2012—2014年，其股价也曾遭遇重创。

2012年7月，贵州茅台的股价最高达到177.46元，但到了2014年1月，股价最低跌到82.86元。短短一年半的时间，跌幅超53%（见图8-9）。这种跌法，可以说大多数人都没法接受。

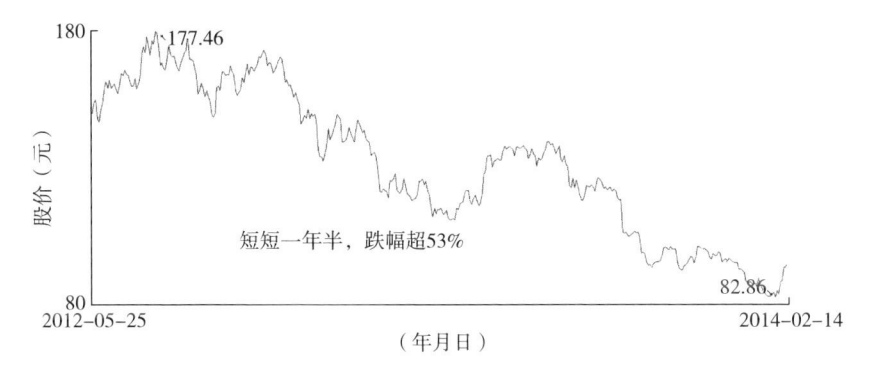

图8-9 贵州茅台的历史重创

资料来源：Choice 数据。

而这也让当初坚守贵州茅台的价值投资者，彻底凉透了心。很多人甚至开始质疑，A股真的存在价值投资吗？

但是，当我们把时间拉回到现在，你会看到，不到10年时间，贵州茅台的股价从十几元，涨到2 000多元，涨幅超过百倍。

所以，对价值投资者来说，是金子，早晚会发光，但不一定是今天。毕竟狗玩得太尽兴，谁都没有办法。

坚持原则，也会面临原则窘境

经过前面讲述，我们知道，在趋势投资者眼中，市场行情是"上不言顶，下不言底"的。所以，他们很少对一家公司进行估值。但在价值投资者眼中，一旦自己看中某家公司，就一定会想尽办法对其进行估值，他们会围绕自己的能力圈，设置自己的安全边际，直到公司股价跌到自己的安全边际内才会出手。

然而，正是因为这样的坚持，导致价值投资者经常错过行情。比如，在一次采访中，巴菲特就说过一个他错失的投资机会。

第八章 如何选择适合自己的投资理念

> 当时我们打算买很多Costco（开市客）的股票，但是，我犯了最经常犯的一个错误。我们开始买开市客的股票以后，股价就一路上涨，但是我没追。如果开市客的股票价格一直横在15美元，我就会买到足够的量，买的比我实际上买的还多得多。

可以看到，巴菲特当年对开市客股票设置的价格锚点大约是15美元，当股价超过15美元时，基于自己的安全边际原则，巴菲特没有选择出手。然而，之后开市客的股价就一飞冲天，再也没机会买进了。这就是价值投资者面临的原则窘境之一。

相比其他投资理念，价值投资更重视原则性。这是因为价值投资本身就是基于某些重要的原则推演来的，不像其他很多投资理念是基于归纳法。

所以，真正的价值投资者，往往性格中也带有很强的原则性。他们喜欢做有价值的事情，不喜欢赌博；喜欢物有所值，不喜欢虚幻的泡沫；喜欢独处、冷静思考、做出独立判断，不喜欢跟风从众。因此，他们才能在人们犯错时，敢于出手，买到"便宜货"。

然而，也正是因为这种强调原则、重视性价比，希望股票又好又便宜的投资性格，导致价值投资者在进行交易时，出现很多自己特有的原则窘境。

总之，相较于其他两种主流投资理念而言，价值投资更适合普通投资者。我们在学习价值投资时，不仅要用好它的优势，同时也要包容它的不足，只有这样，才能真正做好价值投资。

第九章　普通投资者如何做好价值投资

普通投资者也能做好价值投资吗

● 为什么倡导价值投资

第八章介绍了几个截然不同的投资风格，在众多风格里，为什么价值投资会成为主流呢？

要回答这个问题，我们需要先回顾下价值投资的定义：价值投资是以足够低的价格买入自己能力圈范围内的好公司的股票，并长期持有，通过公司本身内在价值的增长，或股价对内在价值的均值回归，取得长期、良好、可靠的收益。

所以，价值投资者的收益来源有两点：一是公司内在价值增长带来的股价上涨；二是公司股价从低估到合理区间进行均值回归带来的价差收入。

举个例子：企业 A 现在的估值是 10 倍 P/E，每股盈利是 2 元，则它的股价是 $10 \times 2 = 20$ 元（注：本案例为简化情形，不考虑分红、送股等）。

两年后，市场认为 A 是一家有远大前景的公司，哪怕这两年公司由于投入巨大，盈利一直没有增长，10 倍的 P/E 显然是被低估了。于是市场给予 A 新的估值为 20 倍 P/E，每股盈利依然为 2 元，此时它的股价是 20×2＝40 元。两年前 20 元买入持有至今，赚到估值上涨的一倍收益，就是上述企业价格从低估向合理回归的差价。

5 年后，A 的营收不断增长，每股盈利上涨到 20 元，而此时公司也逐渐进入成熟期，市场给予它的估值回落到 10 倍 P/E，此时它的股价是 10×20＝200 元。如果投资者 7 年前以 20 元买入持有至今，赚到企业盈利上涨的收益，就是上述企业内在价值增长带来的价格上涨。

通过上述案例，我们也不难看出，价值投资者在投资过程中，一是实现了价值发现，找到低估的优质企业，给予它合理的定价；二是陪伴优质企业一起成长，分享经营成果。

在价值投资者眼中，股票不是筹码，更不是一串串代码，它代表着企业的所有权。买一家企业的股票，就相当于成为这家企业的股东，企业通过经营为社会创造价值，并获得商业回报，作为股东的我们也因此获利。可以说，这种投资获利的方式是良性的、可持续的，甚至是有成就感的。

● 价值投资适合中国吗

不少人认为国外的价值投资理论并不适合中国，甚至认为巴菲特要是来了中国就不会成为股神了。真的是这样吗？其实巴菲特也有投资中国企业的成功案例，最经典的一次投资是在港股比亚迪上获得了 13 年 26 倍的惊人战绩（见图 9－1）。

2008 年金融危机时，在投资人李录的推荐下，巴菲特以 8 港

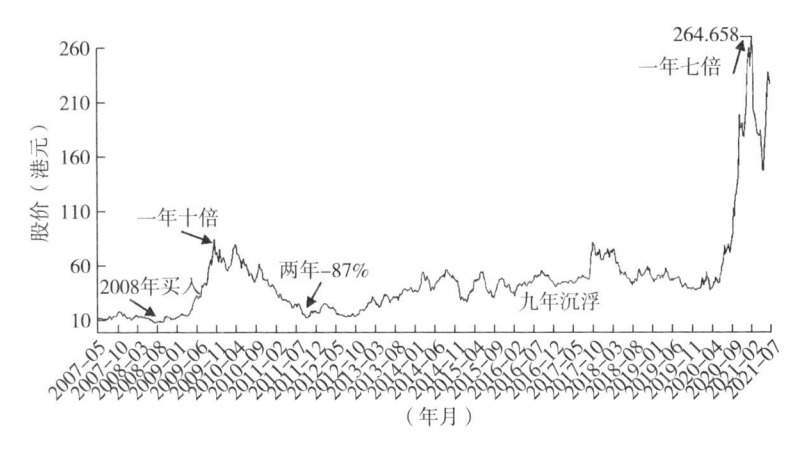

图9-1 巴菲特买入比亚迪后的价格走势

元买入比亚迪2.25亿股，耗资18亿港元。之后比亚迪股价巨幅波动，投资者对巴菲特的评价也好坏参半。然而，巴菲特像被"拔了网线"，市场的声音丝毫没有影响他，自买入后一股未卖。到2021年时，2008年买入的比亚迪持股市值从18亿港元涨到近500亿港元，13年赚了约27倍的收益。

当然，一个案例并不能完全证明中国就适合价值投资，对于这个问题的解答还是需要回到价值投资成功的前提条件上，看看中国的股票市场是否满足这些条件。根据上文的定义，做价值投资需要两个条件，一是有好公司，二是有出现好价格的机会。

好公司这方面很好理解，投资需要在有鱼的地方钓鱼，如果中国市场没有鱼，那即便是股神来了也会空手而归。

在过去二三十年里，受益于改革开放后中国经济高速发展，中国也涌现出了一批具备强大竞争力的优秀企业，其中也不乏上市公司，如茅台、招商银行、腾讯等。这些优秀企业的成长也为中国的投资者带来了丰厚的回报。

第九章 普通投资者如何做好价值投资

一国的股市离不开国家经济，展望未来，中国作为世界第二大经济体，拥有独一无二的全产业链体系和 14 亿人口带来的巨大消费市场。在人均 GDP 从 1 万美元迈向 2 万美元的过程中，势必还会创造出新的奇迹，产生更多优秀的企业。

当下的中国正处于经济转型过程中，传统的工业企业依靠银行间接融资，而科技企业、新经济企业的融资更需要依赖于资本市场，也正因此，未来中国的资本市场地位会越来越高，越来越多的优秀企业会在早期上市，这也给投资者提供了更多机会。

除了有好公司，中国是否适合价值投资还需要看是否有好的买入机会。这一点在过去的 A 股市场无疑是充分具备的。过去 A 股市场因为还处于早期发展阶段，各项制度不完善，投资者素质不高，造成了股市的周期性明显，通常大起大落。

以 A 股全市场中位数 P/E 来刻画 A 股历史整体估值水平，如图 9-2 所示。可以看到，过去 A 股估值波动剧烈，P/E 低位在 15~20 倍，高位在 100 倍以上，这种现象一般在成熟市场是不会出现的。

巨大的估值波动也给价值投资者带来了巨大的机会，通过科学、理性的基本面研究和估值分析，价值投资者有机会在价格极低时买入心仪的公司，并且股价能够很快实现均值回归，既赚到企业成长的钱，又赚到估值上涨的钱。

A 股市场还很年轻，展望未来，投资者整体非理性因素也会一直存在，股市的波动也会存在，这给价值投资者提供了很好的买卖机会。此外，我们也可以看到，随着注册制、科创板、北交所等新制度、新板块的诞生，A 股的生态正在进一步完善，未来也会迈向成熟。更低的波动、更市场化的定价，也更有利于企业

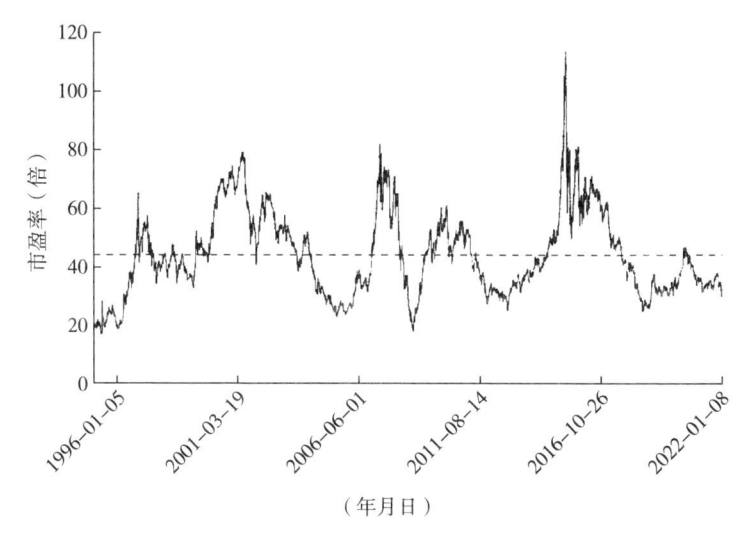

图9-2　A股全市场中位数P/E（滚动）
资料来源：万得资讯、且慢投研。

上市融资，实现社会、企业、投资者多方共赢的局面。

普通投资者的价值投资

作为普通投资者，我们选不出好公司，不会判断价格高低，没有能力直接参与股票投资，还能做好价值投资吗？

表面上，价值投资是通过投资企业去获得估值差价与企业成长带来的收益，但实际上价值投资更是一种理念，即便不直接参与股票投资，我们也能运用价值投资的理念来帮助我们更好地打理财富。

2004—2021年的17年间，万得偏股混合型基金指数（代表偏股混合型基金整体表现）上涨了1 170%，而参与基金投资的基民却普遍收益不佳。究其原因主要在于买得太贵、卖得太早、选错基金。

如果深入理解价值投资的理念，就可以帮助我们很大程度避开这些误区。比如，价值投资强调以好价格买好资产，这告诉我们不能在市场太贵的时候入场投资；又如，价值投资强调与企业为伴，通过长期持有获得回报，这告诉我们不应该频繁交易，不应该只想着赚快钱；再如，价值投资还强调要在能力圈之内做选择，这就告诉我们选择基金也好，股票也好，都要在自己的认知范围内投资。

可以说，价值投资的理念是普遍适用的，即便我们不直接参与股票投资，即便我们是非专业投资者，也能运用价值投资来帮助我们收获长期、良好、可靠的收益。

适合普通投资者的好资产

什么是好资产

投资中要用便宜的价格买好资产。对于好资产，大家的理解可能千差万别，这也不奇怪，正是因为理解不同，大家才会有不同看法，进而才会有交易。

如果用一句话来概述好资产的特性，能稳定、持续产生越来越多现金流的资产，就是好资产。什么意思呢？举几个例子。

例如，在北京、上海、广州、深圳等一线城市，好地段的房子可以说是优质资产。这些房子租出去，可以产生稳定的租金（现金流），而且租金能随着人们收入的增加而提高，也就是说，现金流会越来越多，这种现金流不仅稳定，而且大概率会逐年增大，可以认为这就是优质资产。俗话说"一铺养三代"，好的商业地产能持续产生现金流，可以归为优质资产。

例如，连接华东地区最大两个城市上海和南京的高速公路——宁沪高速，每天车流不息，年年都可以收取不菲的通行费，由于身处中国最有经济活力的地区之一，车流量逐年增加，通行费也会随之增加，在整个收费期内，宁沪高速都可以获得稳定且持续增加的现金流，这也可以被认为是个不错的资产。

例如，横跨在长江上的三峡大坝，除了防洪、调峰、航运等功能，还可以发电，产生良好的商业效益。三峡大坝发的电力会全部卖给电网，且电网全额接收。长江上的水奔流不息，三峡发电就会源源不断。这种资产也可以说是优质资产。

例如，贵州茅台公司生产的茅台酒供不应求，其在人们心中的品牌形象，在可预见的将来都难以磨灭。生产一瓶酒，成本不过几十元，却可以卖上千元，可谓是点酒成金。贵州茅台公司每年都可以为股东创造不菲的现金流，而且还逐年上升，这也是优质资产。

例如，腾讯公司在社交领域具有垄断地位，带来了无与伦比的流量，轻松实现日进斗金。这种优势地位短期难以撼动，会推动腾讯的收入持续增长，因此也是优质资产。

通过以上几个例子，[1] 可以概括出优质资产的共性，即能源源不断地创造现金流和利润，且大概率会越来越多。我们投资一项资产，无论中间有过多少交易，把所有的投资者看作一个整体，其最终的收益来源只能是资产产生的现金流。

---

[1] 提及的公司仅做举例之用，不构成投资建议，投资有风险，入市需谨慎。

● 好资产背后是什么

明白了什么是好资产，再进一步，还可以思考：好资产背后是什么呢？是什么原因使它成为好资产呢？

人们想来想去，把原因归结为"护城河"或者"经济商誉"这样的词汇。护城河会带来竞争优势，使资产免于受到激烈竞争带来的困扰和伤害，能够获得持续的现金流和超额利润。比如，优质房产的护城河在于地段，因为地段是唯一的、不可再生的；高速公路的护城河在于其具有局部的垄断性，除非车流量超载，否则不会新建一条相似的公路；三峡大坝的护城河在于其得天独厚的地理条件，几乎不可能复制；贵州茅台的护城河在于其品牌广为认可，短期无法颠覆；腾讯的护城河在于社交的网络效应，即越多的人用越好用。

在我们身边，还有很多这样的例子，我们寻找和辨别优质资产，就是找出那些具有护城河、能持续创造越来越多现金流的资产。相反，那些没有护城河的生意或者资产，一直处于竞争的威胁中，难以稳定地创造现金流，很容易破产倒闭。

● 适合普通投资者的好资产

对于普通投资者而言，投研能力的限制，让我们很难在几千只股票中找到好资产，比较可靠且易行的办法是借助公募基金，间接买到好资产。

比如，投资沪深300指数基金等宽基指数基金。沪深300指数基金包括各行各业里的头部企业，在竞争中不断优胜劣汰。持有这样的指数基金，就相当于被动地持有那些胜出的好资产。再如，在 A 股这种新兴市场里，通过投资主动管理型基金，也能让专业的基金经理帮助我们沙里淘金，选出好资产。

当然，任何资产都会匹配一个价格区间，再好的资产也要有一个合理的出价，寻找到好资产只是做好投资的第一步，第二步是要用合理的或者便宜的价格来买入和持有这些好资产。

如何买到好价格

我们已经知道了什么是好资产，但做好价值投资，找到好资产就够了吗？换句话说，好资产是在任何时候都值得买入吗？

我们不妨先来看一下巴菲特投资可口可乐的案例。1988 年，巴菲特开始买入可口可乐的股票，往后的 10 年里，可口可乐一直是巴菲特的第一或第二重仓股，巴菲特在这只股票上获利超过 10 倍。

可口可乐作为一家家喻户晓的公司，强大的品牌让其始终保持着饮料行业内的竞争优势，护城河极深，对手难以取代，反映到财务上就是公司的 ROE 长期维持在 30% 的超高水平。可以说，可口可乐公司的股票是典型的好资产。

不过，如果你在 1998 年听闻巴菲特在这只股票上获利 10 倍而急匆匆买入，你将面临的是未来两年 60% 以上的亏损，以及往后十几年的漫漫回本路。是什么导致投资者买入同一只股票会出现如此不同的结果呢？最重要的原因就是买入的价格不同。

当巴菲特在 1988 年买入可口可乐时，股票的估值为 15 倍 P/E，而到了 1998 年，可口可乐的估值有 48 倍 P/E，估值贵了两倍有余。

时至今日，可口可乐依然是巴菲特的重仓股，可口可乐的品牌在人们心中的地位也没有太多改变，可是用不同价格买入这一好资产的投资者的投资结果却是天壤之别。可见，除了资产本身的质量，买入的价格也十分重要。

好资产 + 好价格 = 好投资

在确定了好资产后，价值投资者又是如何找到好价格的呢？好东西一般不便宜。好资产变便宜的情况不多，一般有以下几种。

第一种，"王子落难"。当好的企业遭受了短期的利空打击，但这个打击又不足以致命，不会影响长期竞争力，企业可以从困难中走出来。当出现这种情况的时候，短期股价下跌，会给我们提供买入的机会。这些利空短期对企业打击很大，但优质的企业有着很强的竞争力，最终恢复了元气。那些弱小的竞争对手可能过不了这道坎，就此倒下，反而优化了竞争格局。

第二种，"泥沙俱下"。当股市处于深度熊市，或因某种事件暴跌时，优质的企业也可能跟随大盘一起下跌，这时就会出现好价格。比如，2004—2005年的熊市后期和2015年的"股灾"时，优质企业被误伤，出现了便宜的价格。

第三种，拥有超越市场的认知水平。你如果比别人看得远，看得深，有更好的前瞻性，就能更早识别出低价的优质企业。当其他人认为这个企业不便宜时，你因为看到企业深层次的竞争力，而认为便宜。如果事后回顾，你的判断正确，那你当初买的价格就是便宜的价格。

以上三种情形，"王子落难"需要你对企业有深刻的理解，买入时才能有逆市场的勇气；"泥沙俱下"需要市场先生配合，给你一个匪夷所思的低价;"拥有超越市场的认知水平"则需要你的能力恰好可以理解和识别这个企业。

所以说,买得便宜看似简单,实则很难。更重要的是要有耐心,不去追高,坚持住自己的原则。一旦出现优质企业暴跌的机会,则一定要敢于重仓参与。随着市场的成熟,优质企业出现显而易见低估的机会整体上很少,我们可以降低预期,追求用合理的价格买入。优秀的企业总是给人以惊喜,长期来看,即使是用合理价格的买入,仍然能给我们带来良好的回报。

说完了怎么买,再聊一聊怎么卖。其实,知道了怎么买,也就知道了怎么卖,因为买的逻辑消失的时候就是考虑卖出的时候。一般来说,卖出的情形有三种。

第一种是企业变得不便宜了,甚至被高估了。再好的企业也要配上一个合理的价格,市场先生报出一个远超内在价值的价格,就可以考虑卖出。

例如,金龙鱼是一家社会知名度极高的上市公司,许多人家都在用金龙鱼的食用油,可以说是非常优质的企业了。但是随着消费板块的整体大涨,金龙鱼的最高估值超过了 100 倍 P/E,远远超过了行业平均估值,也超过了海天味业等同板块的优质公司。这个时候虽然公司依旧是好公司,但是价格已经不是好价格了,可以选择卖出,避免后续大幅的下跌(见图 9-3)。

第二种是企业不再优质了。优质的企业好比肥沃的土地,如果有一天变成盐碱地且难以恢复,我们买入的逻辑就没有了,这时候也需要考虑卖出。

1896 年道琼斯工业指数诞生,里面涵盖了当时最优秀的 12 家公司,截至今日这 12 家公司有 11 家退出了历史舞台,仅剩的 1

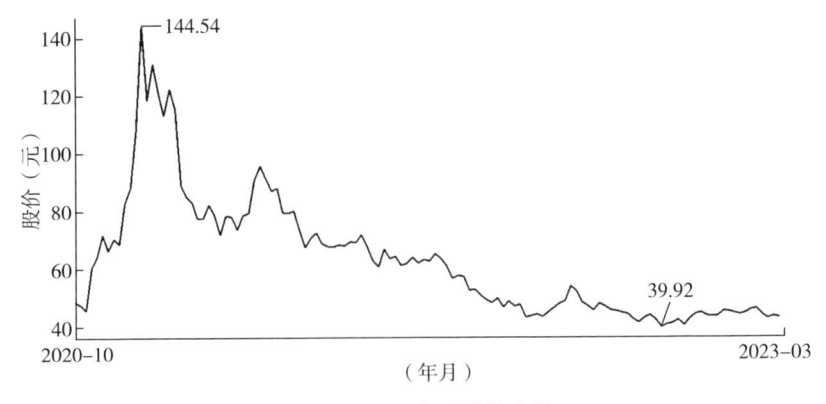

图 9-3　金龙鱼的价格走势

家也是亏损严重，早早被踢出了指数。并非这 12 家公司不优秀，而是因为全球经济更新换代太快，决策者一个小小的失误，就会使企业迅速消失在历史长河中。

长期看，能保持竞争力的企业是很少的，所以我们要定期检视我们手中持有的企业，看看它有没有变成盐碱地。

第三种是发现了更好的标的或投资机会。当发现有其他标的潜在收益比手里的更好，或者收益差不多的情况下风险更小、确定性更高，这时候也可以考虑卖出。

做时间的朋友

◉ 为什么我的投资不赚钱

价值投资的理念其实很简单，无外乎以下 4 点。

- 买股票买的是公司的部分所有权。
- 安全边际：要以低于内在价值的价格买好资产，留有犯错的余地。
- 市场先生：市场先生是个疯子，我们预测不了他的行为，但可以利用他做到低买高卖。
- 能力圈：投资者需要通过长期的学习建立一个属于自己的能力圈，然后在能力圈范围之内去做投资。

因此，一笔好的投资，需要具备以下几点。

- 好资产：只有好资产才是时间的朋友，才能创造可持续的长期回报。
- 好价格：即便是好资产，买入的价格太高依然难以取得好收益。
- 时间：好资产需要时间让价值增长，好价格也需要时间等待市场先生宠幸。

对于基金投资者而言，我们省去了挑选个股的高难度工序，无论是选择被动管理型基金，还是选择主动管理型基金，大多都能满足好资产的要求。而纵观历史，A股市场整体极度昂贵的时间并不多，买得太贵是投资不赚钱的原因之一，但并非主要原因。

投资基金不赚钱最重要的原因，还是出在时间上面。大多数投资者并没有真正理解价值投资，没有耐心慢慢变富，只想着赚快钱、赚大钱。买了基金过几天不赚钱就想着卖出，看到最近涨得好的基金就想买入，到头来白白浪费了应有的收益。

● 一笔投资需要多长时间才能赚钱

为什么价值投资需要看长期？第一，即便是好公司也会有经营周期，也会经历宏观经济周期，只有足够长的时间，好公司才能跨越周期，将它的盈利展现出来；第二，从公司被市场冷落处于低估到被市场发现而均值回归，再到被大众追捧产生泡沫，估值的变化也需要时间；第三，让复利成为第八大奇迹的正是时间。

相对于股票投资者常常面临长达 7~10 年的等待，基金投资者在时间上的感觉无疑要好一些。因为基金通过持有一篮子公司股票已经很好地分散了公司个体经营的风险，基金经理专业的分析能力也能规避一些公司估值过高的风险。我们选用万得偏股混合型基金指数为研究对象，研究任意时点买入持有不同期限的收益情况。

图 9-4 展示的是历史上任何时点买入，持有不同期限后年化收益率的最大值、最小值和中位数。可见，持有期越短，最好情况和最坏情况下投资收益的差距极大，仅持有 1 年的情况下，有可能是收益率超过 200%，也有可能是亏损率超过 50%。

当持有时间逐渐拉长，最大值和最小值显著地向中位数收敛，持有期超过 7 年以后，无论买点好坏，年化收益率的差距都变得非常小，中位数也稳定在 10%~12%。

图 9-5 展示的是该指数不同持有期取得正收益率的概率，结论也跟图 9-4 相互印证。任何时间点买入，当持有期在 3 年以下时，取得正收益率的概率低于 80%，意味着有超过 20% 的日子买入后持有 3 年依旧是亏损的状态。随着持有期变长，投资取得正

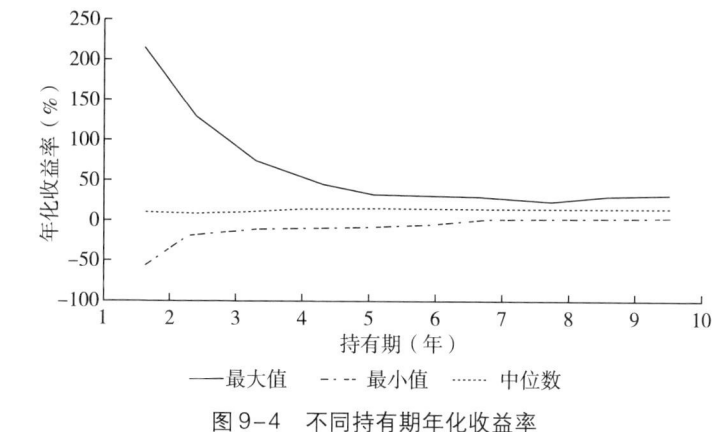

图 9-4 不同持有期年化收益率

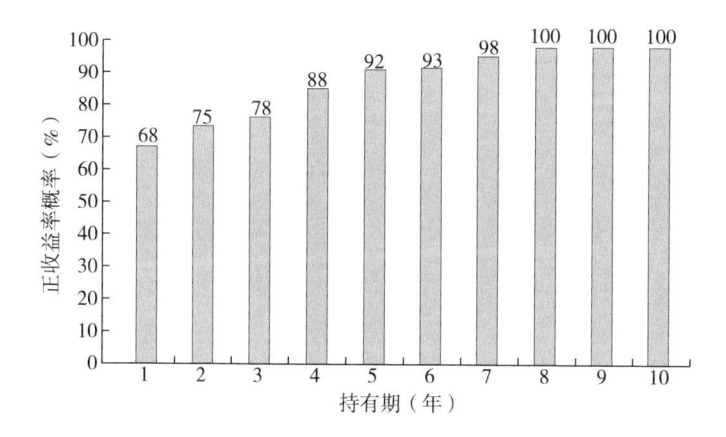

图 9-5 不同持有期正收益概率

资料来源：万得资讯，偏股混合型基金指数，统计区间为 2003 年 12 月 31 日—2021 年 4 月 22 日。

收益率的概率也逐步提高，当持有期在 8 年以上，则历史上任何时点买入都是盈利的状态。

巴菲特曾在致股东的信中说："虽然我认为 5 年是一个更加合适的时间段，但是退一步说，我觉得 3 年绝对是评判投资绩效的最短周期。"

好资产在漫长的岁月里享受到的是累进式的增值，好的基金经理管理的基金在长期也会有不错的表现。如果考虑进行权益投资，那不妨多给予它些耐心，至少以 3 年的周期来衡量结果。

● 耐心，是价值投资者最重要的美德

日本有个著名的典故：杜鹃不啼，它说的是日本战国时期叱咤风云的三位人物，即织田信长、丰臣秀吉、德川家康。

> 人问："杜鹃不啼，欲闻其啼，如之奈何？"
> 信长曰："杜鹃不啼，则杀之。"
> 秀吉曰："杜鹃不啼，则逗之啼。"
> 家康曰："杜鹃不啼，则待之啼。"

这个典故刻画出了这三位人物的性格和命运。织田信长崇尚武力，以暴风骤雨般的气势几乎统一了日本，而一场本能寺之变使其功败垂成；丰臣秀吉善于耍权弄术，在信长之后完成统一大业，而一场庸人自扰的对外挑衅，招致国力大损，最终郁郁而终；德川家康从小历经磨难，隐忍执着，熬死了前面两位而夺得了天下，开创了长达 260 年的德川幕府时代。

放在投资上，织田信长像是一名赌徒，时而空仓，时而加杠杆满仓，追求的是市场即时反馈带来的快感；丰臣秀吉像是一名善于技术分析的老股民，通过钻研各种战法以求快速致富；德川家康则更像一名资深价值投资者，大道无形，耐心等待机会。

愿意慢，未必慢。时间是价值投资者最好的朋友，耐心是价值投资者最重要的美德，让我们以耐心滋养，等待复利之花的绽放。

第四篇
做好投资实践

第十章　如何做好投资实践

普通投资者的三大锦囊

牢记自己的投资目标

受很多营销宣传的影响，投资理财往往会和财富自由这个词联系起来。

"每个月定投 1 000 元，年化收益率 15%，40 年后你就能成为 2 000 多万元身家的富翁。"类似的说法你应该在很多地方都看到过，这可能也是很多投资新手愿意学习的动力来源。

从数学的角度，复利公式没有问题，但现实中这样的结果很难实现。其中的难点，就在于要如何保持"年化收益率 15%"。

刚接触投资时，我们可能都喊过"一年 5 倍""每月 10% 收益率"的豪言壮语。然而这样的机会，往往需要十分的运气、过人的勇气再加上独到的眼光才有可能把握这么一次两次，试问谁能确定自己就是这个天选之子呢？所以普通投资者的投资理财方案，其实是基于现实问题做出的回答。

合理规划你的财富资产，做好职业发展、结婚、育儿、养老等不同人生阶段的资金配置，在保障财务状况稳定的前提下，实现资产的保值增值。所有投资理财的初衷，都应该为生活本身服务，让我们在人生这场漫长的马拉松里，能拥有更加从容的姿态和自由的底气。

找到适合自己的产品

大多数人在接触投资时，会把主要精力放在挑选产品上。但基金也好，保险也好，这些金融产品都不是普通的商品，不是喜欢的、好的、划算的产品，就能直接买下。

对于金融产品，好不好只是其中一个因素，合不合适才是做决定最关键的因素。以某重仓互联网行业的基金为例，虽然一天可以实现超过20%的涨幅，但也需要在持有过程中承受一天-5%、-9%的跌幅。这样日常的大幅波动，小仓位资金试试倒还可以，但重仓这种基金就未必适合大多数人了。

保险也是这样的道理，假设你花时间研究了海量资料，找到一款性价比极高的网红重疾险，在投保时才发现身体有个小毛病，健康告知不过关，那这个好保险也未必适合你了。

资源配置是经济学的一个核心原理。投资理财的本质是实现钱的有效配置，因为钱总是稀缺的，通过投资理财能让合适的钱做合适的事，这样才能让手头上稀缺的钱发挥最有效的作用。

这一点在生活里也能找到佐证，因地制宜，因人善用，上至区域经济规划，下至公司人员任用，最重要的智慧，就是要找到合适的平衡点。

修炼管理情绪的能力

喜欢看武侠小说的朋友应该深有体会，在大多数主角修炼升级的过程里，往往最后一关都是要和自己的心魔打一架。打赢了自然就是海阔凭鱼跃、天高任鸟飞的大欢喜结局，打输了则前功尽弃，只能从头再来。只有能驾驭情绪的武林高手，才能有圆满的结局。

对投资这件事来说也是如此，情绪管理能力对投资结果至关重要。

投资的本质是在交易未来不确定性的预期，这意味着所有的投资会始终与价格波动相伴，我们将常常面对恐惧和贪婪情绪的考验。今天乐观情绪比较多，市场价格就高一些，明天悲观因素比较多，市场价格就低一些。但从长期来看，价格是围绕着资产价值波动的。资本市场的波动是无法避免的，掌握了这一规律，不仅能使投资者保持平稳的情绪，甚至还能从波动中获益。

很重要的一点，就是要修炼自己看待问题的时间角度。

以日为周期，我们看到的是市场的波动（见图10-1）。

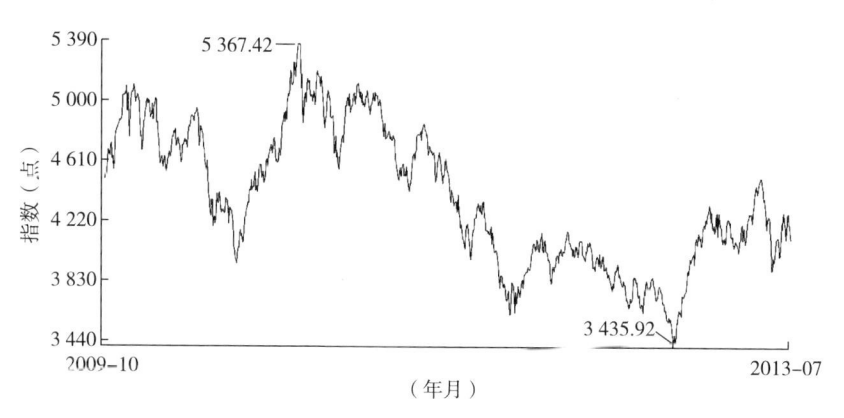

图10-1　中证股票基金指数的日内波动

第十章　如何做好投资实践

以周为周期，看到的是市场波浪式上升（见图 10-2）。

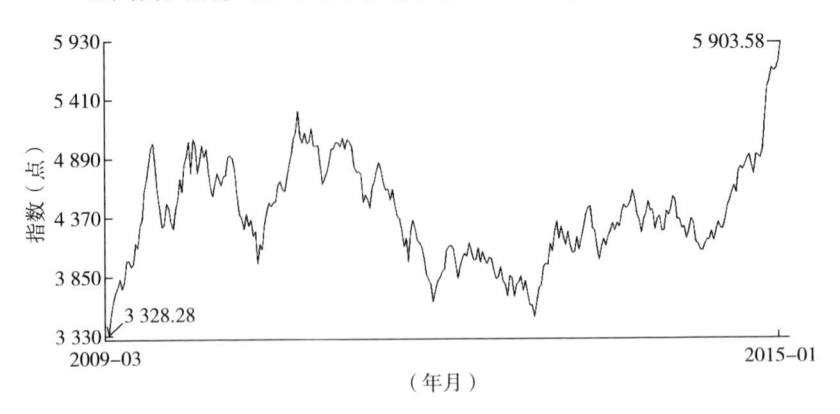

图 10-2　中证股票基金指数的周内波动

以月为周期，看到的是长期的趋势、上涨的力量（见图 10-3）。

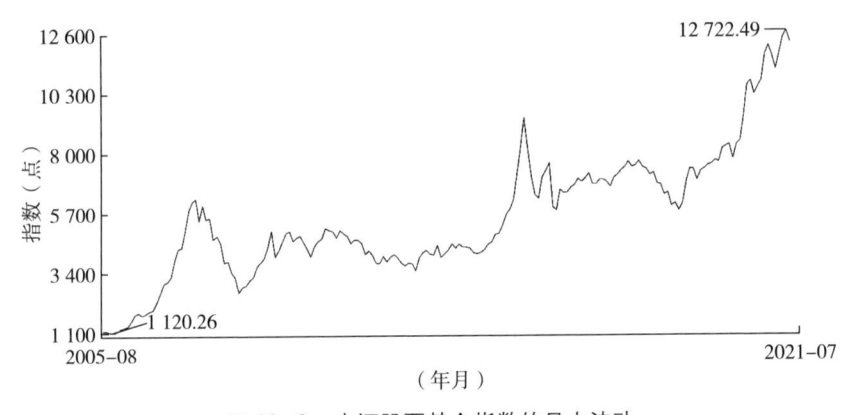

图 10-3　中证股票基金指数的月内波动

为什么以上 3 个图的形态不同？因为看市场的时间周期不同。只有从当前的交易中跳出来，才能不畏浮云遮望眼，才能识得庐山真面目。资本市场最大的规律和常识是，短期恐慌下跌不改长期上涨趋势。

选择了什么样的角度，就选择了什么样的心态和投资框架。

接受波动，回归理性，管理情绪是每一个投资者终身的修炼课程。

避开投资常见的思维误区

很多耳熟能详的故事中都有反派角色，他们会不惜一切手段将潜在的天才主角扼杀于摇篮之中，这是人性猜疑链博弈的现实结果。

如果说投资像在修炼一门独特的武功心法，那么学会这些武功心法的前提，当然是尽可能地保护好自己，不被潜在的敌人早早盯上。对于基金投资，这个潜在的敌人往往不是外部的，而是我们头脑里根深蒂固的思维方式。

所以，对于投资新手，建立一份关于思维误区的"负面清单"是必要的，它能成为我们投资路上的排雷指南，让我们少走许多弯路。

● 线性思维：看排行榜买基金

根据基金排行榜来买基金，是很多投资新手常做的事。这么做的原因与过往的生活经验有着莫大关系，比如当我们到一个陌生的地方，往往会依据广大网友的好评排行来选择当地的美食餐馆。群众的眼睛是雪亮的，这一点规律在生活里得到了广泛验证。

不过基金投资有着独特的地方，我们简单地从结果来看，"七亏二平一赚"是股市里常有的事情，这意味着大多数投资者的投资结果都是在亏钱。那么，当我们再根据投资者选择的基金去买基金，这种做法的结果自然可想而知。

我们再从理性的角度来看这件事，基金排行榜其实也是线性思维误区的外在表现，尝试用过往归纳的结果来线性推演未来的结论，简单得出"好的基金未来会更好"的结论。

我们来看一组数据，假如每年都买入上一年度的冠军基金和垫底基金，10 年过后，收益率会差多少呢？根据万得资讯数据，我们找出 2010—2019 年普通股票基金的冠军基金和垫底基金，分别在 2011—2020 年年初买入，每年进行一次轮换。例如，在 2011 年年初买入 2010 年的冠军基金，在 2012 年年初卖出，然后买入 2011 年的冠军基金，依次滚动 10 年。

图 10-4 的冠军基金和垫底基金曲线分别代表每年买入冠军基金和垫底基金 10 年间的收益率曲线，以代表同类基金平均水平的万得普通股票基金指数作为对比。

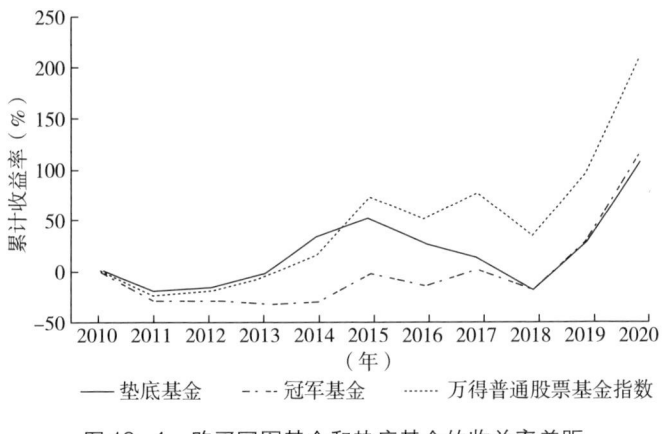

图 10-4　购买冠军基金和垫底基金的收益率差距

可以发现，两种策略的 10 年累计收益率相差无几，在 2015 年以前，买入冠军基金策略的累计收益率甚至明显低于买入垫底基金策略。两种策略的最终收益率均远低于市场平均水平，都难以称得上成功的策略。

究其原因，成为某一年度的冠军基金和垫底基金，大概率是因为基金本身的风格、行业配置极端化，遇到市场春风时就是冠军，逆风时就成了垫底基金。然而，市场风格千变万化，没有人能抓住每一次轮动、遇到每一次春风，冠军不会是永远的冠军，最后一名也不会永远垫底，这就是这两种策略都不成功的主要原因。

对于主动管理型基金，基金经理是灵魂，基金经理的能力、愿力和投资观才是决定未来基金表现的关键因素。而对这些因素的考量需要我们打破线性思维的简单推论习惯，在发展中不断验证和修正逻辑。

收益公式：收益率不等于收益

许多投资新手在刚开始投资时都会痴迷于研究哪只基金收益率高，哪只基金今年有机会翻倍，哪只基金值得买。虽然我们可能已经花费了很多时间和精力去试图回答这些问题，但很大概率是找错了方向。

作为一位新手，上路前我们要做的不是选出更好的发动机，而是先去加满油让这辆车可以跑起来。

$$收益 = 本金 \times 收益率$$

大多数人，特别是年轻人真正缺少的是汽油，是本金。明白我们的真正目标是收益而不是收益率后，在投资上的心态就会更加从容，我们不会再因为买了 10 块钱的基金是赚了 100% 还是亏了 50% 而担心，而是会从整体财富的视角去规划自己的投资行为，特别是在市场波动期的时候。

有股票交易经验的人会知道，当看好一只股票开始建仓的时候，一般会先买一部分试水，很少会直接满仓杀入。如果买入后，股票下跌，大家自然而然会接着买入，在摊平成本的同时完成建仓。如果刚买完第一笔，股票就飞涨，其实是很郁闷的。因为没买够才是最难受的。明明看对了也买了，但赚得很少。

第一笔的成功买入，因为运气或其他因素看似收益率较高，却因为本金太少没有给我们带来最终的高收益。在看对的时候重仓，才能赚到大钱。

我们是来赚收益的，不是来赚收益率的，收益与收益率之间，还需要本金来转化。认识到这一点后，我们就能更加理性地看待市场下跌的情况，才能让我们以便宜的成本，投入足够的本金。

年轻投资者大部分在20~40岁，职业生涯还有几十年，我们更多的财富，主要是后续工作的收入现金流，而不仅仅是当前的积蓄。所以，不论是股票，还是基金，我们现在买的仓位，站在全生命周期的角度看是很少的，即使市场大跌，对我们整体财务情况的伤害也不大。如果市场一直处于合理或低估的位置，我们可以持续把手中的零钱、闲钱投进去，在不贵的价位上，积累出足够多的仓位。但如果我们刚开始投资没多久，市场就开始大涨，其实也意味着我们买便宜筹码的机会变少了，难以让我们的财富上一个台阶。

对收益公式有了清晰认识后，就不会再去追求10块钱买了某只基金赚了100%的虚幻，而是回归投资的理性本身，努力让投资收益真正对生活产生帮助。

锚定效应：被成本价束缚交易

卖出也是基金投资的重要环节，但俗话说"会买的是徒弟，会卖的才是师父"，卖出并不是一件容易的事。卖出基金就像是情侣分手，有以下这些原因。

- 当初爱的理由不在了（你当初看上这只基金的原因是什么？是跟风随大流买的还是真正看到它的好）。
- 相处过后发现你们不合适（接受不了大波动的人不适合重仓成长型基金）。
- 你有了更好的选择（这里需要慎重，不然就是丢了芝麻也丢了西瓜）。

特别提醒，最终的卖出决策，不应该与你的买入成本挂钩。事实上，除了自己，没有人知道你的成本，市场走势不会因为你的买入成本而不同，也不会因为你是赚钱还是亏钱而产生任何变化。

但心理上的锚定效应，会让我们紧紧盯住当初买入的价格思考。卖出时，我们应该关心的是这两个问题：

- 我手中的资产还是不是好资产。
- 现在的价格贵不贵。

根据这两个问题做决策，把买入成本忘掉。投资做到最后，就是做减法，抓住投资中最核心的问题：找到好资产或优秀的基金经理，在市场不贵的时候尽可能多地买入，然后在时间的复利效应下迎来收获。

这也是我们常说的长期投资观念：好资产 + 好价格 + 长期持有。

近因效应：眼前的事情会被放大

在某互联网问题平台上，曾经产生过一个热门的问题：

我一买基金，基金就开始下跌。那我怎么才能挣到钱？

心理学称这种现象为"近因效应"，即在一连串发生的事件中，我们会优先关注最近发生的事情。

心学大家王阳明有一句很经典的话，描述的恰恰就是这种现象：

你未看此花时，此花与汝心同归于寂。你来看此花时，则此花颜色一时明白起来。便知此花不在你的心外。

无论你看不看花，都会有花开花谢。花始终是花，只是看到的时间不一样。市场涨跌波动是客观存在的规律，但对不同时间关注到股市的人来说，股市的面貌也是截然不同。

你问被套在 6 124 点的老股民，他们会告诉你股市十分残酷，最好早早离场。你问 2 440 点全仓入场的投资新手，他们会告诉你股市是提款机，是赚到第一桶金的地方。

要破除这种心理效应带来的误区，方法并不难，那就是把自己放到离市场远点的地方，以整体的视角来理解投资这件事。

这与我们前面所提到修炼情绪的方法是一样的。从以日为周期到以月为周期再到以年为周期，不断拉高的视角会让我们更容易看清市场趋势的全貌，而非每天十分随机的波动涨跌。

以上就是关于基金投资最为典型的思维误区，值得大家时刻保持警惕，避开导致亏损的可能，然后才能走进基金投资赚钱的大门。

第十一章　四笔钱资产配置案例

在前面的章节，我们介绍了基于四笔钱的投资理念和投资方法，最后一章我们将用几个案例来为大家展示如何运用这些理念和方法规划好自己的四笔钱。

由于每个人的投资认知、风险偏好、理财需求等不尽相同，四笔钱的配置也应该是千人千面的。大体上我们可以遵循以下逻辑来一步步确定自己的四笔钱。

- 首先留出至少 3 个月的工资收入/生活支出用于应急，这部分资金主要投资高流动性的货币基金。
- 再把 3 年内有明确用途的资金腾出（如买车、交学费），这部分资金主要投资相对稳健的"固收＋"类产品。
- 同时配置好必要的保障型保险（重疾险、医疗险、意外险、定期寿险），有需要的话增加商业养老险。
- 最后把剩下的 3 年以上不用的闲钱进行长期投资，可以根据自身的风险偏好选择不同的产品，并根据资本市场的位置进行一定的动态调整。

下面我们将以四位处于不同人生阶段、具有代表性的投资者为案例，为大家演示如何运用好四笔钱框架来指导我们的投资。

探索阶段

处于探索阶段的一般是刚接触投资不久、本金不多的年轻人，普遍在30岁以内。因为投资经验不足，还没有建立起一套适合自己的投资体系，此时的重点在于试错和探索，因为较为年轻和本金较少，长期投资的配置也可以偏积极一些。

小宋，今年28岁，理财经验较少，几年的工作积攒下了30万元的本金，其中有10万元是计划一年半以后要用的买车款，其余资金无明确用途，同时每月还有2 000元的工资结余可用于长期投资。

根据四笔钱框架，小宋可以将存量的30万元资金分为以下四笔（见图11-1）。

● 活钱管理	10.00%	30 000.00元
○ 稳健理财	33.33%	100 000.00元
● 长期投资	55.00%	165 000.00元
● 保险保障	1.67%	5 000.00元

图11-1 探索阶段的四笔钱配置

首先，预留 3 万元作为活钱用于生活应急。如果有预期外的支出，或者遭遇失业等风险时，活钱就可以派上用途，可以考虑把这部分钱配置到可以随时存取的货币基金、银行 T+0 理财等产品中。

10 万元用于稳健理财，为买车预留资金。考虑到这部分钱的取用期限在 3 年以内，需要控制波动，但同时又希望能获取高于活钱的收益，因此可以考虑配置一些偏债类的产品，比如"固收+"基金或投顾策略。

5 000 元购买保障型保险应对重大风险。根据小宋的情况，可以优先配置重疾险、百万医疗险、意外险和定期寿险，每个人面临的风险不同，具体配置建议咨询保险顾问。

剩余的 16.5 万元作为长钱用于长期投资。考虑到小宋较为年轻，每月还有工资收入，未来收入也有很大的上升空间，整体风险承受能力较高，即便短期亏损也有足够的时间等待资产价值回归，因此小宋的长期投资可以考虑配置较多的权益资产来争取更高的收益。不过，正如前面章节所提到的，好资产也需要在出现好价格时买入和持有，长期投资的配置不是一成不变的，需要根据市场情况动态调整权益仓位，权益资产性价比越高配置越多，性价比变低时则可以调仓到债券或者货币资产上，争取实现长周期的"低买高卖"。

最后，小宋每月结余的 2 000 元长期现金流，可以考虑进行长期定投，慢慢积累资产。但考虑到小宋较为年轻，这部分资金也可以以权益资产投资为主，在市场较为高估时可改为以债券或货币资产为主，并且对已有的权益资产进行一定比例的减持。

黄金阶段

处于这个阶段的人,通常有了一定投资经验,比如经历过两轮以上牛熊周期,同时还处于年富力强的生命阶段,此时就是投资的黄金期了,一般以 30~50 岁居多。

大刘,今年 33 岁,迈入了赚取薪金收入的高峰岁月,理财经验丰富,资产以及资产带来的投资理财收入也逐步积累,几年下来攒下了 50 万元的本金。这个时候即将进入结婚生子阶段。与此同时,他的日常家庭开支较大,每个月需要固定还房贷,支出大幅度增加。

根据四笔钱框架,大刘可以将存量的 50 万元资金分为以下四笔(见图 11-2)。

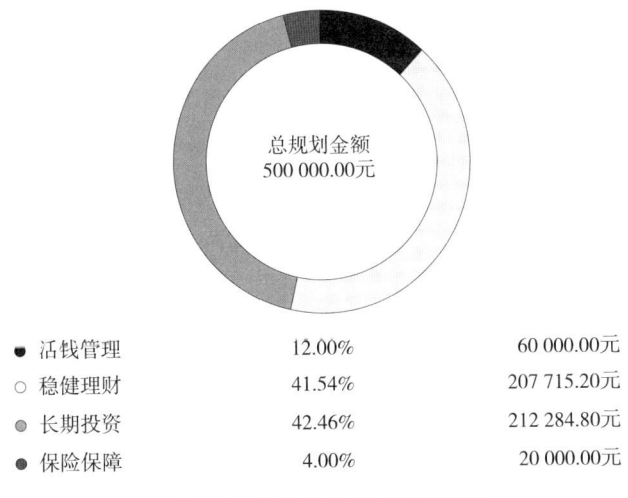

● 活钱管理	12.00%	60 000.00元
○ 稳健理财	41.54%	207 715.20元
● 长期投资	42.46%	212 284.80元
● 保险保障	4.00%	20 000.00元

图 11-2 黄金阶段的四笔钱配置

首先,预留 6 万元作为活钱用于生活应急。通常,应急资金预留 3~5 个月是比较适合的,但这个时期的家庭支出比较大,建议多预留一些，以应对预期外的支出。这部分钱需要取用灵活，可以考虑把这部分钱配置到货币基金、银行 T+0 理财等产品中。

20 万元左右作为稳钱进行稳健理财。这个时期是家庭的主要消费期，因此理财的主要内容是合理安排家庭建设的支出，同时鉴于财力仍不够强大，投资上不能盲目把全部资金重仓到高波动资产中，需要适当控制波动。因此，大刘可以考虑配置一些偏债类的产品，比如"固收+"基金或投顾策略。

2 万元用于购买保险应对风险。根据大刘的情况，如果之前已经配置了百万医疗险、意外险、重疾险和定期寿险，可以适当把家庭其他成员的保险配置齐全。儿童需要的保险主要有百万医疗险、重疾险、儿童意外险，老人需要的保险主要有医疗险、防癌险、老人意外险。还有预算的话，可考虑用年金险为自己规划养老金或孩子的教育金，以获取未来稳健的现金流。可视为"压仓底"资产，保证未来刚需资金的下限。每个家庭情况不同，具体配置建议咨询保险顾问。

剩余的 20 万元作为长钱用于长期投资。这个时期距离退休和孩子上大学比较远，仍应该着眼于长期增值，以保护和改善未来的生活水平，实现多年后养老、子女教育等长期财务目标。考虑到大刘正值年富力强，每月工资收入不错，未来也有一定的上升空间，整体风险承受能力较高，因此大刘的长期投资可以考虑配置较多的权益资产来争取更高的收益。

最后，大刘每月结余的 4 000 元长期现金流，可以考虑进行长期定投，慢慢积累资产。但考虑到大刘年龄不大，这部分资金也可以以权益资产投资为主。

白银阶段

处于这个阶段的人,一般都是从黄金阶段走来的。此时他们已经有了较为丰富的投资经验,也通过工作及投资积累了相对丰厚的财富,一般年龄在 50 岁到退休居多。

因为随着年龄增长,人不可避免地会发生适应变化能力的退化,尤其是当他们面对像投资一样会随时发生变化的新事物时,这种现象尤为明显。其产生的影响,往往首先便是接受不了本金的回撤。特别是当本金达到一定规模时,一个 10% 的回撤可能就会吃掉前 10 年的大部分盈利。

因此,这个阶段不应再过度追求投资上的高弹性,而应将重点放在稳健复利,保留住黄金阶段奋斗的果实,并利用余温让其继续生长。此时对应的投资者类型多为稳健型或平衡型,要避免承受过大的回撤风险。

老王,今年 52 岁,是个老基民,投资经验丰富,对市场很有自己的一套见解。他工作刚满 30 年,目前已退居单位二线,不再负责一线业务。孩子如今大学刚毕业,自家的房贷、车贷已还得差不多,除了还有少部分贷款和保险费用未结清,其余只有一些平时吃喝玩乐的零用开支,基本没什么大的开销。

他今后的想法很简单,主要有两点:一是马上要退休,希望把权益资产的比例降一下,心态放平,让投资更稳一点;二是想提前尝试培养一些新的兴趣,让自己的晚年生活更丰富些,包括每年多一些对养老目的地的旅游活动,所以想在这方面多投入一点。

根据四笔钱框架,老王可以将这些年照顾家庭后手头剩余的

70万元本金分为以下四笔（见图11-3）。

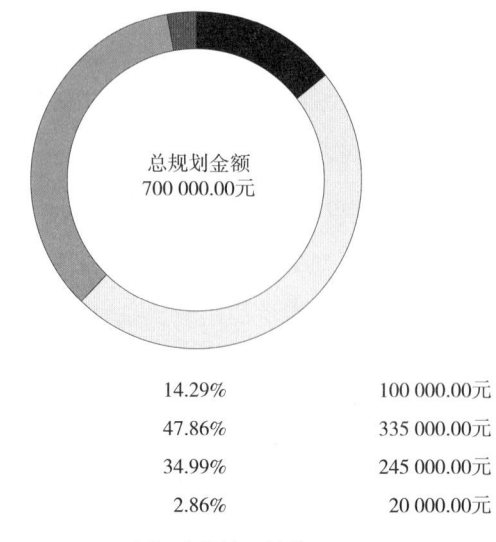

● 活钱管理	14.29%	100 000.00元
○ 稳健理财	47.86%	335 000.00元
● 长期投资	34.99%	245 000.00元
● 保险保障	2.86%	20 000.00元

总规划金额 700 000.00元

图11-3 白银阶段的四笔钱配置

首先，预留10万元左右作为活钱，主要用于生活应急，大约为3~5个月的收入。如果有预期外的支出，活钱就可以派上用途，可以考虑把这部分钱配置到可以随时存取的货币基金、银行T+0理财等产品中。

其次，预留33.5万元左右作为稳钱用于稳健理财，主要为退休前10年的兴趣爱好培养和旅游基金，其中还包括一些为降低资产波动而主动减少的权益仓位。

计划每年用5 000元进行新事物学习，培养自己的兴趣爱好；同时用15 000元进行假期旅行，一方面为拓展自己的眼界见识，另一方面为自己未来的养老居住地做些打算。考虑到这部分钱主要用于旅游和培养兴趣，花销时间不算太固定，毕竟计划总赶不上变化。因此，为图省心，老王可以先将其统一归为稳健理财进行打理，考虑优先配置一些偏债类的产品，比如"固收+"基金或投顾策略来兼顾收益和波动，之后等计划逐渐完善，再看是否需要将部分资金用作长期投资。

再次，预留2万元作为保障，主要用于购买保险以应对相应风险。根据老王的情况，若之前已经为家庭配置齐全保障，此次预留资金主要用于完成后续交费。如初次投保，该年龄段可选择的保障型保险范围有限，主要考虑百万医疗险、意外险。在该阶段可多为老年生活做打算，在社保养老金之外，用商业年金险为自己搭建第二份养老金，固定的养老现金流可按月或按年领取至终身。每个人自身情况不同，具体配置建议咨询保险顾问。

最后，剩余的24.5万元作为长钱用于长期投资，为以后的退休生活做积累。考虑到老王的实际情况，这个阶段对资产回撤比较敏感，因此建议权益类产品仓位最高不要超过55%，甚至多数时候都应该更低一些。只有保持稳健或平衡的投资思路，才能更好守住财富成果，为自己的养老生活助力。

守成阶段

处于这个阶段的人，已经具备非常丰富的投资经验了，但是收入和支出都开始下降。在这个阶段应该更加注重风险管理和健康管理，并开始逐步落实自己的养老计划。

具体到资产配置上，大部分资金应该以稳健理财为主，搭配部分长期投资，同时要预留10%~20%的活钱以防额外的医疗开支。

老李，今年65岁，刚刚退休，勤勤恳恳工作一辈子有了100万元的积蓄，子女也纷纷成家立业不用再操心了，终于可以享受幸福的老年生活。每个月固定有 5 000 元的退休金可以支配，社保和商业保险齐全。

根据四笔钱框架，老李可以将资金分为以下四笔（见图 11-4）。

总规划金额
1000 000.00 元

● 活钱管理　　　　15.00%　　　　150 000.00 元
○ 稳健理财　　　　60.00%　　　　600 000.00 元
● 长期投资　　　　23.00%　　　　230 000.00 元
● 保险保障　　　　2.00%　　　　　20 000.00 元

图 11-4　守成阶段的四笔钱配置

首先，留出 15 万元的资金作为活钱管理。随着年龄的增长，身体健康风险将成为最大风险，这笔钱可以作为自己和老伴的应急开支。退休后最大的变化是现金流的极速下降，只能依靠每个月的养老金来生活了，所以抗风险能力是下滑的，整体投资应偏向保守。

其次，用 60 万元来进行稳健理财，这部分资金力争可以实现资产保值。退休后可以多发展自己的兴趣爱好，辛苦一辈子，终于有大把时间享受人生了。在这期间，旅游开支、兴趣爱好开支会上升，资本市场的投资将成为自己兴趣开销的主要来源。

之后，用 23 万元作为长钱进行长期投资，这部分资金是用来增值的部分。老李对于投资比较感兴趣，可以通过这笔资金进行资本市场操作，把投资也培养成一种爱好。因为有前面15%的活钱和60%的稳健理财打底，所以即使市场出现大幅波动，对整体账户的影响也不大，假设长期投资部分下跌30%，相比整体账户也就是下跌6.9%，如果算上活钱和稳健理财的收益，那么亏损会更低。这样资产配置的核心就是控制住整体账户的波动，不要为市场波动而操心。

最后，留出2万元来配置一些老年人专项保险。老李在年轻时候已经把保障型险种全部配齐了，到目前重疾险和定期寿险这类长期险种的交费期也已经结束，只需要交1年期险种的保费，如医疗险和意外险。因为保障型保险买得越早价格越便宜，保障越丰富，等到60岁之后想要配置，不仅价格更贵，很多时候往往由于身体原因无法投保了。如有财富传承方面的考虑，可通过投保人寿保险，在保险顾问指导下设计合理的保单架构，将财富留给指定的人。

前面的章节中我们说过，在不同的生命周期阶段，理财观念和理财策略需要根据不同阶段的情况进行调整，才能更好地根据个人或家庭不同时期的特点，合理分配家庭收入和投资资金，做到既可保证生活需要，又使节余的资金科学地保值、增值。

以上的四笔钱配置案例，是根据不同阶段、不同人的投资认知、风险偏好、理财需求来进行规划的。其实，市面上并不缺好的金融产品，但由于错误的买卖时机，很多人并不能取得产品本身的收益，更别说让资金保值增值了。因为，买与卖其实是一个系统问题，不同的两个人由于持仓不同、风险偏好不同，买与卖的答案也会不同。

因此，不同阶段的人在参考四笔钱配置方案时，还要结合自己已有的投资持仓情况以及风险偏好来调整。比如，前文中处于黄金阶段的大刘，在这个阶段的投资应该更有章法一些，能形成并不断优化自己的投资体系，此时的重点就在于下重本，找到一个适合自己的，敢于重金投入，同时又具有一定弹性的资产配置方案。

如果大刘的风险偏好是积极型或平衡型的，那么在可承受的范围内，尽可能给权益资产更高的仓位上限（注意：上限高不代表一直保持高仓位，也需要考虑市场情况，可参考表 11-1）。

表 11-1　四笔钱配置表

类别	低配	中低配	中配	中高配	高配
稳健型 （最大回撤约 7%）	5%	10%	15%	20%	25%
平衡型 （最大回撤约 15%）	15%	25%	35%	**45%**	55%
积极型 （最大回撤约 25%）	25%	40%	55%	**70%**	85%

人生说短不短，说长也不长，毕竟不是每个人都能像巴菲特、芒格一样，年近百岁还保持敏捷的思维能力和学习的热情。

普通人的一生，相对来说较适合投资的时期是黄金和白银两个阶段，满打满算差不多是 30/40 年。我们也应该尽可能让这两个阶段的时间占比更大，比如尽早学习投资理财、注重身体健康等。

投资是一辈子的事，一定要在适合自己的路上行稳致远。

参考文献

［1］深交所. 投教画中话丨投资与投机［EB/OL］.（2021 - 04 - 01）. https：//mp. weixin. qq. com/s/b-y8jRR51U70fmuL3WF8xA

［2］本杰明·格雷厄姆. 聪明的投资者［M］. 王中华，黄一义，译. 北京：人民邮电出版社，2016

［3］且慢管家. 从不及格到 80 分的投资进阶［EB/OL］.（2021 - 04 - 09）. https：//mp. weixin. qq. com/s/H1hztAW0BkptPMQsfPTxSw

［4］罗伯特·T. 清崎，莎伦·L. 莱希特. 富爸爸穷爸爸［M］. 杨军，杨明，译. 北京：世界图书出版公司，2000

［5］ETF 拯救世界. E 大是如何建立一套不断进化的投资体系的［EB/OL］.（2019 - 09 - 27）. https：//mp. weixin. qq. com/s/pXs4Tq0NrIIkxVc6PIDiIIQ

［6］且慢管家. 投资更需要你学会"不懂"［EB/OL］.（2020 - 08 - 06）. https：//mp. weixin. qq. com/s/oKXg8ohnIFvGpQ5QOg-lWQ